MONIQUE ANNA
MICHEL

LE CLÉZIO

L'ÎLE MAURICE

ET LES

MYTHES DE GENÈSE

PRESSES UNIVERSITAIRES
DU NOUVEAU MONDE

2021

Published in the United States by University Press of the South. Printed in France by Monbeaulivre. fr
E-mails: unprsouth@aol.com; universitypresssouth@gmail.com
Visit our award-winning web pages: www.unprsouth.com
www.punouveaumonde.com

Monique Anna Michel.
Le Clézio. L'île Maurice et les mythes de genèse.
Second Edition. In French.
viii + 158 pages. Bibliography and Index.

1. Mythologies. 2. Mythes sacrés. 3. Cosmogonie. 4. Temps et espaces primordiaux. 5. Anthropologie religieuse. 6. Rites initiatiques. 7. Atavisme. 8. Primitivisme. 9. Postcolonialisme. 10. Altermondialisme.
ISBN: 978-1-931948-96-8 (First Edition: USA, 2010)
ISBN: 978-1-952799-29-7 (Second Edition: Europe, 2021)

INTRODUCTION

> Le mythe demeure à la disposition de celui que l'art, la science ou la politique étaient incapables de satisfaire.
>
> (Georges Bataille)

La mythologie, par ses valeurs sacrées et collectives, continue à exercer une influence sur la littérature moderne. L'œuvre de Le Clézio témoigne ainsi de l'attrait des mythologies anciennes dans l'imaginaire contemporain. Ses romans, influencés notamment par les mythes primitifs (des origines) et cosmogoniques de civilisations diverses, présentent une dimension universelle. Jean-Marie Gustave Le Clézio, né à Nice le 13 avril 1940, s'est forgé une réputation d'écrivain international depuis la fin des années 1960. Son œuvre, dominée par la quête identitaire, révèle une volonté de transcrire le monde dans toute sa diversité. Le romancier franco-mauricien, d'origine bretonne et de père anglais, se tourne vers l'ailleurs, puise dans les mythes universels et se plonge au cœur de civilisations distantes, tant dans l'espace que dans le temps. Grand voyageur, érudit et passionné par les cultures du sud, Le Clézio sillonne la planète à la recherche d'horizons toujours nouveaux.

Par ses récits, qui dépassent largement les frontières de la Francophonie, Le Clézio apparaît comme un phénomène unique dans le champ de la littérature mondiale contemporaine, conciliant l'intérêt d'un vaste lectorat. Son rayonnement est tel qu'en1994 les lecteurs du magazine *Lire* (22) l'ont élu le plus grand écrivain vivant de langue française. Il a obtenu en outre la reconnaissance institutionnelle avec la remise de nombreux prix et distinctions littéraires comme le prix Renaudot pour son premier roman, *Le procès verbal*, en 1963, ainsi que le prix Paul Morand de l'Académie Française pour la totalité de son œuvre et notamment pour *Désert* en 1980. Les prix Puterbaugh et le prix de la Principauté de Monaco lui ont également été décernés en 1997 pour *La fête chantée* et pour l'ensemble de ses livres. En octobre 2008, l'œuvre de Le Clézio a été couronnée par le prix Nobel de littérature.

Les années 1980 marquent toutefois un tournant dans la carrière de l'auteur: son séjour au Panama parmi les Indiens Emberas et Waunanas, de 1970 à 1974, a profondément transformé l'homme et l'écrivain: « Cette expérience a changé toute ma vie, mes idées sur le monde et sur l'art, ma façon d'être avec les autres, de marcher, d'aimer, de dormir et jusqu'à mes rêves » (*Magazine Littéraire* 23). Dans la même interview, il explique que dès l'instant où il a touché ce monde-là, il a cessé d'être purement cérébral et intellectuel. Ce grand changement, cette non cérébralité ont par la suite nourri tous ses livres. A partir de la fin des années 1970, l'écriture de Le Clézio se personnalise, se poétise pour aborder les grands thèmes lyriques et existentiels de la maturité. Fredrik Westerlund mentionne, à juste titre, que l'auteur « commence la quête de soi, une réflexion sur l'être, à la manière d'une aventure, à travers la connaissance des autres » (« Le Clézio » 3.2. Raison d'écrire). En effet, si la première partie de la production littéraire de Le Clézio s'inscrit dans le contexte romanesque de son époque, c'est-à-dire dans la mouvance du Nouveau Roman et de ses avatars, le mode de narration, le lexique ainsi que les thématiques de l'auteur se transforment à partir des années 1980.

On assiste alors à l'émergence d'une écriture mythique et idéaliste qui se caractérise par le développement de cycles littéraires et géographiques. Ainsi distingue-t-on un cycle mexicain, un cycle maghrébin, un cycle mauricien de même qu'un cycle africain. A une société occidentale « orpheline de ses mythes » (Westerlund, « Le Clézio » 3.2.), l'écrivain propose une vision du monde enrichie par les légendes, l'histoire, les religions et les mythologies de l'Océan Indien, d'Afrique subsaharienne, du Maghreb, du Moyen- Orient, de l'Inde, d'Amérique centrale. Dans son essai *Raga. Approche du continent invisible* (2006), Le Clézio élargit encore ses horizons en invitant le lecteur à voyager au cœur de l'Océanie.

Au sein de cette œuvre largement influencée par les mythes grecs, hindous, africains et amérindiens, nous nous focaliserons ici plus particulièrement sur les mythes de création du monde. Nous nous attacherons notamment à montrer comment ces récits mythiques et symboliques de la formation de l'univers expriment la philosophie idéaliste et humaniste de l'auteur. Dans *Le chercheur d'or* (1985), *Voyage à Rodrigues* (1986) et *La quarantaine* (1995), qui feront l'objet de notre étude, les protagonistes rejettent les valeurs matérialistes et rationalistes de l'Occident et se transforment au contact de civilisations pré-modernes ayant conservé une pensée d'ordre magique. Alexis (*Le chercheur d'or*), le grand-père paternel de Le Clézio (*Voyage à Rodrigues*), le narrateur (se donnant comme l'auteur lui-même) et Léon (*La quarantaine*) aspirent à l'effacement du monde pour mieux le recréer.

Notre recherche porte sur un paradigme littéraire fondamental chez Le Clézio: les protagonistes sont en quête d'un paradis perdu qu'ils cherchent à retrouver par un retour symbolique dans le temps primordial. A cette fin, ils entreprennent des voyages initiatiques de « l'autre côté » (Le Clézio, *Voyages de l'autre côté*), c'est-à-dire, d'après Bruno Thibault, « à la découverte de la pensée primitive » (« La métaphore exotique chez Le Clézio » 845). Dans l'espoir de revivre le monde à « l'aube de la création » (*Voyage à Rodrigues* 23), les personnages s'entourent d'adjuvants constitués de jeunes indigènes qui les initient aux secrets de la nature dans des lieux symboliques et retirés tels que l'île ou le désert. L'image de la femme originelle, en rapport avec le concept de déesse-mère, joue également un rôle de premier plan dans ces récits. Par le rêve, l'amour et les rites initiatiques, les héros font émerger un centre sacré lié à la notion de « hiérophanie » telle que la conçoit Mircea Eliade (*Le sacré et le profane*).

Si plusieurs études ont déjà porté sur le mythe (Konaté, Gillet), et plus particulièrement sur le mythe du paradis perdu (Gilbert, Dutton) ainsi que sur l'écriture et la nostalgie des origines dans les récits lecléziens (Pagès-Jodlowski, Bachand), l'originalité de notre démarche réside dans la mise en relation des mythes de création chez Le Clézio avec les théories de Mircea Eliade consacrées à la quête du monde originel, au temps et aux espaces sacrés, aux mythes de la terre-mère et de l'éternel retour. La vision leclézienne semble en effet s'inspirer d'une approche panthéiste de la création en rapport avec le mythe de la terre-mère tel qu'on le rencontre chez Mircea Eliade. Les représentations imaginaires de l'espace et du temps, de même que l'animisme et le symbolisme magico-religieux, imprègnent fortement ces récits de genèse. Le renouvellement du monde, à travers un cycle de mort et de renaissance, est aussi lié au mythe de l'éternel retour qui consiste, selon l'historien des religions, « à répéter exactement par des rituels, une action accomplie au commencement des temps par un dieu, un héros ou un ancêtre » (*Le mythe de l'éternel retour* 35).

Le caractère multiculturel des mythes de création dans les récits lecléziens apparaît en outre lié à une des préoccupations de la littérature postcoloniale, qui s'intéresse notamment à la redécouverte et à la revalorisation des cultures non européennes et primitives, à travers une approche réaliste de l'Autre. « Réaliste » dans la mesure où, comme nous le montrerons également, Le Clézio échappe aux pièges de l'exotisme puisque son œuvre participe pleinement de « l'expérience du divers » chère à Victor Segalen dans *Les immémoriaux* (1907).

Afin de développer notre objectif, qui vise à explorer le concept de régénération du monde dans la littérature de Le Clézio, en particulier dans les récits du cycle mauricien, nous emprunterons plusieurs méthodes de mythocritique et de mythanalyse proposées par Gilbert Durand dans les années 1980 (*Figures mythiques et visages de l'œuvre*) et par Northrop Frye (*Theory of Myths*) avant lui (fin des années 1950). La mythocritique, qui tient pour « essentiellement signifiant tout élément mythique, patent ou latent » (Chauvin et Walter, *Questions de mythocrique* 7), nous permettra de cerner le rôle et l'importance des mythes personnels dans les textes lecléziens, tandis que la mythanalyse nous aidera à mettre en évidence les imaginaires sociaux et collectifs auxquels renvoient ces mythes de création. Les mythes de création du monde dans les œuvres de Le Clézio sont étroitement liés aux théories de Mircea Eliade relatives à la dimension sacrée du mythe. Les études comparatives d'Eliade sur la donnée religieuse dans l'histoire des cultures visent à mettre en lumière la relation de l'homme avec le sacré et à faire émerger « une structure de la conscience » (Chirpaz, « L'expérience du sacré selon M. Eliade » 2). C'est précisément cet aspect de sacralité du mythe et de conscience de soi que nous souhaitons souligner dans les œuvres de l'écrivain. Nous analyserons aussi, à travers une approche bachelardienne, les caractères symboliques et poétiques des espaces sacrés et des éléments naturels les plus significatifs.

Notre thèse s'articule autour de quatre chapitres, lesquels démontrent, dans un premier temps, quelques aspects et rôles du mythe dans l'histoire humaine, puis dans la littérature en général, et dans les œuvres de Le Clézio en particulier. L'essentiel de notre étude est, bien entendu, consacré aux mythes de création du monde, à leurs représentations symboliques et à leurs structures narratives spécifiques. Nous relierons ces mythes cosmogoniques aux idéaux des personnages et de l'auteur ainsi qu'à leur quête de l'harmonie primordiale. Notre intention finale est de rattacher ces mythes à l'idéologie de la littérature postcoloniale française, c'est-à-dire de montrer comment, à travers le discours mythique, Le Clézio réécrit et critique les rapports de domination sociopolitique, l'infériorisation de l'altérité culturelle et l'utilitarisme mercantile qui caractérisent l'*ethos* colonial. Nous nous intéresserons en dernier lieu à la réception des œuvres de Le Clézio - et d'Eliade, lequel a fait l'objet d'une critique plus controversée.

CHAPITRE I
MYTHE ET ROMAN

1. Le mythe comme objet critique.

La mythologie, présente à des degrés divers dans toutes les cultures, explore le réel à travers des récits imaginaires et symboliques. Par mythe, on entend communément un récit populaire ou littéraire mettant en scène les actions remarquables de héros ou d'êtres surhumains. Les mythes révèlent en outre les principes et les valeurs de la société qui les a créés. Les mythes fondateurs de la civilisation gréco-romaine ont par exemple largement influencé le mode de pensée occidental. Progressivement démystifiés par l'Histoire et par la science depuis l'émergence d'une épistémologie moderne aux dix-septième et dix-huitième siècles, les mythes n'ont pourtant pas perdu de leur pouvoir sur l'imagination. Par l'éclairage qu'elle projette sur la psyché et les croyances des sociétés, la mythologie est néanmoins à la base de nombreuses sciences humaines, c'est pourquoi l'analyse des mythes constitue l'une des clefs de voûte des recherches de Freud, de Jung et de Lévi-Strauss.

Par leur valeur didactique et symbolique, les mythes continuent à nous interroger sur le sens à donner aux récits populaires ou sacrés qui évoquent principalement l'origine du monde et l'épopée de l'humanité. Pour un historien des religions tel que Mircea Eliade, les mythes réitèrent une réalité cosmique qui s'est produite en dehors du temps humain ou profane. A travers eux, l'homme tente alors d'expliquer les mystères du cosmos en imaginant des histoires.

De nombreux écrivains contemporains, tels Tournier ou Le Clézio, puisent de façon explicite ou implicite, dans les mythologies les plus anciennes. Le Clézio, dont l'œuvre romanesque se nourrit essentiellement des légendes empruntées aux cultures orientales, africaines et amérindiennes, considère l'écrivain comme un « bricoleur » (Ezine, *Ailleurs* 31), qui utilise le mythe comme un matériau, pour créer sa propre vision du monde. De la même manière qu'il existe plusieurs types de mythes d'ordre social, politique, religieux et culturel, il convient de rappeler les différentes définitions du mythe. Le mot « mythologie » vient du Grec *mythos* et *logos* qui signifient « récit » et « science ». Comme l'écrit Mircea Eliade, « le mythe raconte une histoire » (*Mythes, rêves et mystères* 21).

La mythologie se distingue par ses caractères littéraires et didactiques. Les dictionnaires et les encyclopédies définissent généralement le mythe comme un récit fabuleux qui exprime de façon symbolique des phénomènes naturels ou des aspects de la condition humaine. Le mythe de Sisyphe, roi légendaire de Corinthe, célèbre pour ses crimes et condamné dans les Enfers à faire rouler sur la pente d'une montagne un rocher qui retombait toujours avant d'atteindre le sommet, devient, pour Camus, emblématique de l'absurdité de la condition humaine. Dans le langage courant, le mythe est souvent synonyme de fiction, voire de mensonge. Ici, le « mythe », relatant des événements qui ne sont cautionnés ni par la réalité ni par la vraisemblance, est utilisé dans une acception péjorative.

Au contraire, le mythe est pour Mircea Eliade une réappropriation de la réalité:

> Le mythe est une réalité culturelle extrêmement complexe, qui peut être abordée et interprétée dans des perspectives multiples et complémentaires. Personnellement, la définition qui me semble la moins imparfaite, parce que la plus large, est la suivante: le mythe raconte une histoire sacrée; il relate un événement qui a eu lieu dans le temps primordial, le temps fabuleux des « commencements». Autrement dit, le mythe raconte comment, grâce aux exploits des Etres Surnaturels, une réalité est venue à l'existence, que ce soit la réalité totale, le cosmos ou seulement un fragment: une île, une espèce

> végétale, un comportement humain, une institution. C'est donc toujours le récit d'une « création »: on rapporte comment quelque chose a été produit, a commencé à être. Le mythe ne parle que de ce qui est arrivé réellement, de ce qui s'est pleinement manifesté. (*Aspects du mythe* 16-17)

Cette définition de Mircea Eliade confère au mythe un rôle initiatique majeur: la dimension religieuse et magique, inhérente aux mythes, permet à l'homme d'expliquer l'origine du monde et de transcender son expérience profane pour entretenir des relations avec le divin. Pour le mythologue hongrois, Charles Kérémyi, proche collaborateur de Carl Jung, le mythe est également lié au sacré et au spirituel. Dans son ouvrage écrit avec Jung, intitulé *Introduction à l'essence de la mythologie*, Kérémyi déclare: « Ce ne serait pas une généralisation injustifiée de dire de la mythologie qu'elle parle d'origines ou du moins dc primordialités » (19). De son côté, Jung a souligné la présence naturelle du mythe dans l'histoire humaine: « Celui qui croit vivre sans mythe, ou en dehors de lui, est une exception. Bien plus, il est un déraciné sans relation véritable avec le passé, avec la vie des ancêtres (qui continue en lui), ni avec la race humaine » (*Métamorphoses de l'âme et ses symboles* 35). Plus encore, le mythe permettrait, d'après l'anthropologue Roger Caillois, de comprendre les motivations inconscientes de la conduite humaine:

> C'est en effet, dit-il, dans le mythe que l'on saisit le mieux, à vif, la collusion des postulations les plus secrètes, les plus virulentes du psychisme individuel et des pressions les plus impératives et les plus troublantes de l'existence sociale. Il n'en faut pas plus pour lui accorder une situation éminente et pour inciter à ordonner par rapport à lui quelques-uns de ces problèmes essentiels qui touchent à la fois au monde de la connaissance et à celui de l'action. (*Le mythe et l'homme* quatrième de couverture)

Claude Lévi-Strauss a en outre reconnu l'importance capitale des mythes dans le domaine de l'anthropologie. La méthode structuraliste de l'anthropologue consiste notamment à analyser le langage et les systèmes de valeurs d'une communauté à travers ses mythes. Dans *Tristes tropiques*, Lévi-Strauss ne prétend pas montrer comment les hommes pensent les mythes, mais comment les mythes se pensent dans les hommes et à leur insu. Pour Lévi-Strauss, comme pour Jung, les mythes reflètent l'inconscient collectif. Les travaux de Lévi-Strauss, sur les sociétés primitives du Brésil et leurs mythes, ont influencé la pensée et l'écriture de Le Clézio. Dans *Ailleurs*, Le Clézio fait référence à une lecture de Lévi-Strauss dans laquelle l'anthropologue « comparait la construction des mythes au bricolage » (Ezine 31). Un peu plus loin, Le Clézio affirme: « Et je crois que l'écrivain est une sorte de bricoleur » (Ezine 31).

Or d'après les sources de Thibault et de Jollin-Bertocchi (*Lecture d'une œuvre: Le Clézio* 4), Le Clézio est plus proche de l'anthropologie religieuse d'Eliade que de l'anthropologie structurale de Lévi-Strauss. Il partage avec Eliade le même intérêt pour le chamanisme auquel il a été initié au Panama. Le chamanisme est lié à la communication avec le monde des esprits par le recours à diverses techniques telles que la transe, l'extase, le voyage initiatique. Le Clézio s'intéresse au chamanisme (*Haï*, *Le rêve mexicain*, *La fête chantée*) qu'il considère avec Eliade comme la source, l'inspiration ou la base des religions institutionnelles d'Occident, d'Amérique ou d'Asie. Il s'est inspiré des travaux d'Eliade et des anthropologues religieux français des années 1950-60 comme Soustelle, Clastres, Métraux. Il a lu aussi les écrits des ethnologues américains Boas ou Carlos Castaneda (lequel fut très contesté).

Durant les cent dernières années, diverses approches du mythe littéraire ont par ailleurs vu le jour, notamment dans la seconde moitié du vingtième siècle, telles que la *mythocritique*, apparue en France dans les années 1970, sous l'égide de Gilbert Durand. Cette méthode s'intéresse essentiellement à la narrativité du mythe qu'elle érige en modèle matriciel du récit. La *mythocritique* correspond à un mouvement de revalorisation du mythe. Les rapports entre mythe et littérature ont déjà été étudiés par Northrope Frye à la fin des années 1950 au Canada. Dans *Theory of Myths* (1957), constitué de quatre essais, Frye élabore une méthode d'analyse des symboles inhérents aux mythes littéraires en vue de dégager des archétypes.

D'autre part, le concept de *mythanalyse*, développé dans les années 1980 par Gilbert Durand et Hervé Fischer, se présente comme l'analyse des mythes contemporains qui régissent les idéologies collectives. On s'éloigne ici du sens classique du mythe tel que Jung ou Eliade l'entendaient. La *mythanalyse* s'écarte du caractère individuel de la psychanalyse pour s'intéresser à des imaginaires sociaux et collectifs. La *mythanalyse* propose, entre autres, une approche critique du langage du mythe. Roland Barthes, à la fin des années 1950, avait dénoncé la nature idéologique du mythe qu'il conçoit par une extension sémantique, c'est-à-dire tout signe auquel, en supplément de son sens dénotatif, on attribue un ensemble de valeurs connotatives idéologiquement motivées. La photographie d'un soldat noir saluant le drapeau français, en couverture du magazine *Paris-Match*, dans les années cinquante, exprime ainsi davantage qu'un simple salut militaire: elle renforce implicitement une « doxa », un système de valeurs idéologiques (respect de l'autorité coloniale, adhésion volontaire à ses principes moraux et politiques, etc.). Une telle forme de mythe serait donc, d'après le critique marxiste, un instrument de propagande au service de la bourgeoisie qui cherche à imposer sa culture et sa morale:

> Le statut de la bourgeoisie est particulier, historique: l'homme qu'elle représente sera universel, éternel [...]. Enfin, l'idée première du

> monde perfectible, mobile, produira l'image renversée d'une humanité immuable définie par une identité infiniment recommencée. (*Mythologies* 250-251)

Le mythe est une parole, résume Barthes, c'est-à-dire un discours qui peut s'exprimer aussi à travers une image ou un objet porteurs de normes petites bourgeoises. Le discours mythologique modifierait, selon le critique, une signification première pour introduire à sa place un autre système de sens et de valeurs, non plus fondé sur l'esprit critique, mais sur l'acceptation d'un sens permanent intrinsèque à certains objets ou certaines valeurs. Si intéressante que soit cette approche d'un point de vue socio-idéologique, elle ne correspond pas à la conception du mythe de Le Clézio ou d'Eliade. Mais elle nous force à rappeler que l'œuvre d'Eliade n'est elle-même pas exempte d'un soupçon idéologique. En effet, certains liens relient la mythanalyse et l'ésotérisme à la pensée fasciste (dont Eliade fut un adhérent en Roumanie), dans la mesure où celle-ci valorise le refus de la modernité et de l'*épistémê* rationaliste, et le refuge dans la pensée mythologique (voir Sedgwick, *Against the Modern World*). L'originalité de Le Clézio réside dans la façon dont il a mis une forme d'expression idéologiquement discréditée au service d'un message altermondialiste de respect des cultures non occidentales.

2. Le mythe comme objet romanesque.

La littérature de même que les arts plastiques, l'histoire, la religion, l'anthropologie ou bien la psychanalyse, puise une grande part de son inspiration dans les mythes. De Sophocle (*Œdipe roi*) à Jean Cocteau, le mythe d'Œdipe par exemple, constitue une source intarissable de réflexion. Avec *La machine infernale*, Cocteau, tout en restant fidèle à la pièce antique, modernise le mythe d'Œdipe en le plongeant dans l'actualité politique de la deuxième

Guerre Mondiale. Le roman autobiographique de Le Clézio, *Onitsha* (1991), suivi de *L'Africain* (récit autobiographique, 2004), présente également une dimension oedipienne, à travers d'une part les rapports violents et conflictuels d'un fils (l'auteur) avec son père, et les relations exclusives et fusionnelles qu'il entretient d'autre part avec sa mère: « Elle [la mère de Fintan] donnait le bras à l'Anglais [son père], elle l'écoutait pérorer sur l'Afrique. C'était insupportable » (*Onitsha* 49), « Il y avait surtout cette gêne, cet homme qui était devenu un étranger [...]. Il y avait aussi le regard de Fintan sur son père, un regard plein de méfiance et de haine instinctive [...] » (64). De son côté, Sigmund Freud s'empare du mythe d'Œdipe pour en faire un complexe psychanalytique. L'œuvre de Proust, celle de Simenon, celle de Chateaubriand sont désormais indissociables d'une interprétation oedipienne de tendance freudienne.

Les mythes littéraires se différencient toutefois des mythes sociaux par leur recréation mythique. L'écrivain, par le choix des thématiques, du lexique et du style, transforme des éléments mythiques ancestraux en mythes personnels. Le mythe littéraire se distingue encore des mythes socioculturels par son hypertextualité qui lui permet d'assurer sa pérennité. « L'hypertextualité » correspond à une dérivation d'un texte à partir d'un texte antérieur. On veut signifier ici une multitude de réécritures du mythe. Ainsi le mythe entraîne, selon Todorov, une multiplication de textes. Pour Philippe Sellier, cité par Dominique Westerhoff (« L'autobiographie mythique » 1.8), « ce qui caractérise un mythe littéraire ou littéralisé, à la différence d'un mythe ethno-religieux, c'est avant tout sa puissance symbolique, son organisation complexe et sa portée métaphysique » (« Qu'est-ce qu'un mythe littéraire? » 55). Selon Mircea Eliade, le mythe appartient d'abord à la tradition orale, anonyme et collective. C'est sa mise à l'écrit qui lui donne un caractère singulier.

Michel Tournier est l'un des meilleurs exemples d'auteurs

contemporains à avoir réécrit des mythes anciens et des intertextes consacrés par l'histoire littéraire pour s'en réapproprier le sens et mettre en lumière leurs dimensions symboliques. Dans son premier roman, *Vendredi ou les limbes du Pacifique* (1967), Tournier propose une réécriture de l'histoire de Robinson Crusoé en y inversant les valeurs. Après avoir vainement tenté de reproduire les fragments de la civilisation européenne sur l'île où il a échoué, le Robinson de Tournier s'adapte à la vie sauvage. Vendredi, indigène occidentalisé par Robinson dans le roman de Daniel Defoe, joue inversement chez l'écrivain contemporain le rôle d'éducateur et d'initiateur. Les valeurs de la vie naturelle dans le récit de Tournier priment sur celles de la civilisation matérialiste et colonisatrice. La version de Tournier élimine les clichés du bon sauvage véhiculés par Defoe et bien d'autres. A la fin du roman, Vendredi part vers l'Angleterre alors que Robinson décide de rester sur l'île de Speranza. Pour ces raisons, « *Vendredi ou les limbes du pacifique*, depuis sa publication, est considéré de manière unanime [...] comme le roman postcolonial par excellence qui dénonce les méfaits du colonialisme et célèbre la reconnaissance de l'Autre » (Mauguière, « Le mythe de Robinson revisité par Tournier et Le Clézio » 463). Les autres romans de Michel Tournier comme *Le roi des Aulnes* (1970) ou *Les Météores* (1975) s'inspirent, pour le premier, d'anciennes légendes germaniques d'ogres mangeurs d'enfants et, pour le second, des récits légendaires de gémellité également présents dans *Vendredi ou les limbes du pacifique*. Ce premier récit, dont l'originalité est la réécriture du mythe du bon sauvage, a influencé toute une génération d'auteurs postcoloniaux y compris Jean-Marie Gustave Le Clézio. *Le chercheur d'or* est en effet « une relecture du roman de Tournier qui est lui-même une relecture de Defoe, chaque lecture transformant radicalement les prémisses sur lesquelles le texte antérieur est fondé » (Mauguière 464). Isabelle Roussel-Gillet parlant de l'origine du mot « texte », rappelle sa dimension de métatexte:

> Comme l'indique son étymologie, un texte est un tissu fait de l'entrecroisement de fils. Le Clézio utilise d'anciens fils pour créer un motif. L'originalité viendra de leur combinaison et structuration. (*Etude sur Le chercheur d'or* 26)

Les œuvres de Le Clézio qui appartiennent au cycle mauricien s'inspirent d'autre part du mythe de la Lémurie, cher à Jules Hermann, Robert-Edward Hart et à Malcolm de Chazal. Ce mythe d'un continent englouti, comparable à l'Atlantide des Occidentaux, continue à nourrir l'imaginaire des écrivains des Mascareignes. Dans *Les révélations du Grand Océan*, Hermann formulait au début du vingtième siècle, l'hypothèse d'un continent matriciel commun à l'humanité toute entière, situé dans l'Océan Indien. Après Hermann et Hart, Chazal et Le Clézio ont exprimé leur désir d'autochtonie, leur quête identitaire ou bien leur poétique de la terre natale à travers l'évocation de la Lémurie, dont le souvenir reste à jamais gravé dans la pierre de quelques mystérieux géants. L'auteur mauricien, Malcolm de Chazal, y a consacré toute son œuvre, développant ainsi une poésie cosmogonique (*Petrusmok*).

3. Le mythe chez Le Clézio.

Au début des années 1980, l'auteur rompt avec l'esthétique et les principes idéologiques et narratologiques du Nouveau Roman pour retrouver le goût des histoires, des personnages, de la description et de l'épanchement lyrique. En 1986, il avoue dans une interview: « Je n'ai jamais vraiment aimé autre chose dans le roman que les personnages et les histoires » (Westerlund, « Le Clézio » 3.2.). Le Clézio ne renoue pas pour autant avec la narration et les archétypes psychologiques du roman balzacien. Ses récits mythiques, qui se caractérisent par une structure circulaire que nous étudierons plus en détail dans les prochains chapitres, se présentent plutôt comme un retour à une littérature pré-moderne. L'écriture romanesque traditionnelle du XIXe siècle se trouve bousculée par le rôle central du mythe qui élimine la description psychologique. Par sa valeur collective, le mythe remplace l'analyse psychologique, qui se focalise d'ordinaire sur la construction de types individualisés.

On connaît d'autre part les réticences de Le Clézio par rapport au langage. Les mots ne peuvent, selon lui, rendre compte de l'expérience sensible. Ils représentent plutôt une source d'aliénation et s'apparentent à « un vain bruissement d'insectes » (*La guerre* 218). Aussi, faudrait-il inventer une langue à l'état brut, une sorte de langage cosmique, qui par le jeu des sonorités et des métaphores, permettrait d'exprimer « l'extase matérielle » (expression empruntée à *L'Extase matérielle*). « Mon langage, rêve Le Clézio, ne serait plus seulement celui des hommes et de leurs livres, mais s'adresserait à n'importe qui sur la terre, et n'importe qui pourrait le comprendre » (*L'inconnu sur la terre* 314). Dans son aspiration à un langage naturel, qui ressemble à un langage total, Le Clézio éprouve, d'après Jean Onimus, le besoin d'une « musique, dont il sent étrangement en lui la présence, mais qu'il n'arrive pas à exprimer au dehors » (*Pour lire Le Clézio* 157). Il aspire, de façon minimaliste, simplement à « faire de la musique avec [ses] mots, pour embellir [son] langage et lui permettre de rejoindre les autres langages du vent, des insectes, des oiseaux, de l'eau qui coule » (Le Clézio, *L'inconnu sur la terre* 309). Sa quête d'un langage cosmique, qui pourrait exprimer les mythes primitifs, se rapporte à sa nostalgie du monde des origines. L'idéal primitiviste de Le Clézio est en effet étroitement lié à la recherche d'une langue dépouillée de tout artifice et capable d'exprimer les mythes primordiaux. A travers l'écriture du mythe, le romancier retrouve en outre le désir de raconter des histoires tout en échappant aux contraintes narratives classiques (roman balzacien).

Avec *Désert* et *Le chercheur d'or*, Le Clézio privilégie la poésie des grands mythes et s'ouvre à de nouveaux horizons géographiques et culturels. Il se définit lui-même comme un « voleur de mots » (Ezine 31), emprunte aux mythes, aux récits de voyage, d'aventure, à la poésie, aux livres sacrés, en passant par les proverbes et les chansons populaires en langues vernaculaires. Au cours des années 1970, les mythes primitifs viennent s'ajouter aux mythes grecs et hindouistes (fondements des cultures occidentale et orientale). Le Clézio pratique l'intertextualité mythique à outrance à travers le mélange des genres et des cultures.

> Toute littérature n'est que le pastiche d'une autre littérature, déclare Le Clézio. En remontant ainsi dans le temps, jusqu'où arrive-t-on? Jusqu'à quelles œuvres cachées, quels chants et quelles légendes des premiers temps des hommes? (*L'Extase matérielle* 88)

L'intertextualité est chez l'écrivain étroitement liée à l'inter-culturalité et au multiculturalisme. Son œuvre reste personnelle et unique en son genre malgré ses déclarations:

> J'ai eu souvent l'impression d'inventer, mais je pense qu'en fait, lorsque l'on écrit, on n'invente pas. On est toujours propulsé par une mémoire qui appartient aux autres, à ce que les autres vous ont raconté, à ce que vous avez entendu mais il s'agit en fin de compte toujours de mémoire: une poussée assez involontaire. (Cortanze, *J. M.G. Le Clézio* 73)

Bien que le travail d'un auteur consiste à faire œuvre d'imagination, Le Clézio réitère son point de vue, à savoir qu'un écrivain est « un bricoleur de mots » (Ezine 31). L'art, ajoute-t-il, est « une forme d'artisanat [...]. L'imaginaire sans les réminiscences, sans les lectures, sans l'apport des autres, ça ne tient pas debout. Il faut quelque chose, une glu, pour que ça tienne » (Ezine 31). Dans le cadre de cette thèse, j'avancerai que la « glu » des œuvres lecléziennes, c'est avant tout le mythe. Ses romans et ses nouvelles, traversés par la poésie des mythes primitifs, captivent par leurs aspects oniriques et visionnaires. Fasciné par les civilisations du monde, l'écrivain en réactualise et en réécrit les mythes fondateurs selon sa sensibilité et ses aspirations.

Avant d'entrer plus profondément dans le cœur de notre sujet, il importe à ce stade de dresser l'inventaire des mythes et des légendes dans le corpus leclézien, afin d'en rappeler la récurrence, voire l'omniprésence. A travers sept textes consacrés à la pensée amérindienne, dont *Le rêve mexicain* (1988), *Les prophéties de Chilam Balam* (1976) et *La fête chantée* (1997), l'auteur ressuscite les contes, les légendes et l'histoire mythique des Amérindiens. D'autres romans se focalisent sur le continent africain et son réservoir de mythes: *Onitsha* (1991) avec ses personnages légendaires, comme la reine Arsinoé, nous plonge au cœur des grands royaumes de l'Afrique occidentale. Dans ce roman à caractère autobiographique, l'auteur mêle à l'histoire familiale l'histoire réelle et imaginaire. A travers l'évocation de son premier voyage d'enfant vers le Nigéria, à la rencontre d'un père qu'il ne connaît pas, l'auteur fait revivre les grandes épopées de la dynastie des Lagides, où légendes et récits mythiques s'entremêlent. *Désert* (1980), qui raconte la guerre du Sahara occidental (la vallée de la Saguiet el Hamra) avec ses héros (Ma El Aïnin, « l'eau des yeux »), oscille entre aventure mystique et histoire réelle. Dans *Gens des nuages* (1997), écrit en collaboration avec son épouse Jemia, il retrace l'histoire de la tribu, descendante du prophète Mahomet, à laquelle elle appartient. Puis, il s'intéresse à nouveau aux peuples de l'eau. *Raga. Approche du continent invisible* (2006) nous invite à découvrir la sagesse et la science des

Polynésiens. Avec *La quarantaine* (1995), où histoires personnelle et collective sont encore intimement liées, nous renouons avec la saga familiale de l'écrivain (histoire du grand-père maternel) tout en explorant les richesses du panthéon hindouiste. Depuis le début des années 2000, Le Clézio se passionne pour l'histoire, la mythologie et les rites chamaniques de la Corée. Il occupe une chaire de professeur invité à l'université d'Ewha. L'écrivain accorde une telle importance aux mythes qu'en 1990 il a fondé, avec Jean Grosjean, la collection *L'Aube des peuples*, chez Gallimard, consacrée à l'édition de textes mythiques et épiques, traditionnels ou anciens.

Edward Saïd a bien montré que tout écrivain occidental qui subit la tentation de l'ailleurs est confronté aux mirages de l'exotisme – construction de l'altérité géographique et culturelle fondée sur une stéréotypie qui tient l'autre à distance et l'essentialise dans un rapport de différence binaire (*Orientalism* 325). Toutefois, il est clair que, sur les traces de Victor Segalen, Le Clézio se méfie de l'exotisme qu'il considère comme un « vice ». C'est, dit-il, « une invention de l'homme blanc liée à sa conception mercantile de la culture [...]. La réalité demande de l'humilité, elle ne se laisse pas prendre facilement » (*Le livre des fuites* 140). Dans *La fête chantée*, il assure que « c'est surtout en perdant certaines choses qu'on les gagne » (20). Bruno Thibault a montré ce qui distingue les romans lecléziens de l'exotisme au sens traditionnel: « J. M. G. Le Clézio a tenté, dans *Le livre des fuites*, de mettre au point une nouvelle écriture du voyage, de créer un roman d'aventure moderne » (« Le Clézio et le problème du roman exotique » 426). Bruno Thibault indique aussi que le but du voyage du protagoniste, Hogan, n'est pas la recherche de l'exotisme mais la connaissance de soi. Durant son périple le héros affronte des épreuves qui l'amènent à « une nouvelle conscience, à une nouvelle vision » (427). Le voyage et la fuite d'Hogan se présentent comme « une ascèse » (427). Nous retrouvons d'ailleurs la même conception du voyage comme « processus de la conscience » (427) dans les textes du cycle mauricien. Pour Le Clézio, conclut Bruno Thibault, « il n'y a pas de compromis [...]. C'est le monde dont il faut rendre compte. C'est le monde qu'[il] veut faire éprouver au lecteur » (432).

D'autre part, les œuvres de Le Clézio qui ont pour cadre l'Europe, notamment le sud de la France, exploitent, à travers l'intertexte, les mythes de la Bible et de la civilisation occidentale (mythologie grecque). *Le déluge* (1966), *Etoile errante* (1992), *Le procès-verbal* (1963) reprennent par exemple, en les modernisant, les mythes bibliques de Noé, de David, de Moïse et d'Adam. Les recueils de nouvelles tels *Mondo et autres histoires* (1978), *La ronde et autres faits divers* (1982) font référence entre autres aux mythes d'Icare et de l'enfant divin. On retrouve également dans les textes mauriciens, comme *Le chercheur d'or* (1985), les mythes de Jason, du Déluge, d'Adam et Eve.

L'histoire mythique de Jason et de la Toison d'Or permet de souligner le caractère initiatique et symbolique de la quête du narrateur. Comme le remarque Bruno Thibault: « La quête de la Toison d'Or, en plus d'une aventure épique, est une riche métaphore du processus d'individuation. Marie-France Lemoine l'a bien vu: chercher le trésor c'est chercher le moi idéal » (« La métaphore exotique chez Le Clézio » 848). A ces mythes se greffe la légende de Saint-Brandon, qui raconte le voyage du moine irlandais vers l'île de Promission, c'est-à-dire le paradis terrestre. Pour Bruno Thibault, le lagon de Saint-Brandon, « purifié chaque année par les eaux, symbolise la création régénérée » (849). La tempête en mer, dans *Le chercheur d'or*, rappelle le mythe du Déluge. L'idylle exotique de Paul et Virginie, dans le roman de Bernardin de Saint-Pierre, trouve un écho dans l'amour qui unit Alexis à Ouma, une jeune esclave marron (*Le chercheur d'or*). Dans le journal *Voyage à Rodrigues* (1986), qui est la suite du *Chercheur d'or*, Le Clézio raconte l'expérience du grand-père paternel sur l'île Rodrigues, à travers les mythes de Sisyphe, d'Adam et de Prométhée. D'une manière générale, les mythes chez Le Clézio, constituent un hymne au paradis perdu.

Les mythes des origines, étroitement liés aux mythes de création du monde, représentent l'une des principales sources d'inspiration des œuvres lecléziennes. Les textes de la seconde période apparaissent surtout comme des voyages dans des univers primordiaux. Face à une société européenne désacralisée, les protagonistes lecléziens aspirent à sortir du temps historique pour retrouver l'unité première. L'auteur célèbre l'acte de création par des symboles, des rites d'initiation et d'extase. Les héros suivent plus ou moins le schéma suivant: chute / quête / initiation / renaissance. Dans les récits lecléziens, la recherche mythique des origines, bien qu'individuelle et personnelle, est comme nous le montrerons, inséparable de la mémoire collective.

CHAPITRE II
MYTHE ET UTOPIE

1. Le rêve des origines.

L'œuvre de Jean-Marie Gustave Le Clézio exprime une vision du monde particulière et se réfère à la place de l'homme dans l'univers. L'écrivain s'attache généralement à retracer l'épopée humaine à travers l'évocation de l'histoire individuelle. Le rêve des origines, qui constitue un thème central dans les romans et les récits de Le Clézio, est souvent rattaché au rêve atavique, en particulier dans les textes mauriciens. Selon Jacqueline Dutton (« Du paradis à l'utopie ou le rêve atavique de Le Clézio »), le rêve atavique hante les œuvres lecléziennes. Il correspond au désir de retrouver les ancêtres de la généalogie personnelle, en l'occurrence, pour Le Clézio, ceux de la lignée paternelle. Les ancêtres, auxquels l'auteur s'identifie, ont choisi l'errance, dans l'espoir de trouver sur des terres vierges et lointaines une réponse aux grands mystères du cosmos.

Le voyage, la fuite et l'appel de l'ailleurs représentent d'autre part des thèmes typiquement lecléziens, auxquels sont généralement associés les mythes des origines et de création du monde. « Pour Le Clézio, écrit Bruno Thibault, le mythe constitue le véhicule par lequel le sujet humain se définit depuis le commencement des temps » (« La métaphore exotique chez Le Clézio » 849). Les héros lecléziens, en quête du monde des origines, se trouvent plongés dans des univers antéhistoriques, où règnent les forces cosmiques et telluriques: « Les vagues géantes bondissent par-dessus les récifs, s'écroulent dans le lagon, et le bruit fait vibrer la terre et l'air, comme une chaudière » (*Le chercheur d'or* 11). On retrouve, dans *La quarantaine*, le même décor de début ou de fin du monde:

> Le vent brisé par le rempart du volcan tourbillonnait dans la baie, arrachait l'écume aux vagues qui couraient en sens contraire, tandis que les nuages noirs glissaient vers le sud, si vite qu'il semblait que la terre entière basculait vers l'avant. (55)

Le chercheur d'or, *Voyage à Rodrigues*, *La quarantaine*, et bon nombre de récits de Le Clézio, décrivent des voyages initiatiques, dans le temps et dans l'espace, à la recherche du paradis perdu: « Je pense, dit Alexis, à ce qui m'attend, à l'autre bout de ce voyage, comme une terre où je serais déjà allé autrefois et que j'aurais perdue » (*Le chercheur d'or* 131). Le rêve de l'harmonie primordiale est en outre étroitement lié à la symbiose avec la nature: « Tout est rythme. Comprendre la beauté, c'est parvenir à faire coïncider son rythme propre avec celui de la nature » (*L'Extase matérielle* 130). La fusion mystique de l'homme avec la matière (notion que nous approfondirons ultérieurement) constitue, chez Le Clézio, un thème récurrent et symbolise la victoire de la vie sur la mort, ou « l'entrée du bonheur dans le malheur » (Di Scanno, *La vision du monde de Le Clézio* 19). L'art de l'écrivain consiste essentiellement à tenter d'exprimer par le langage les énergies vitales de la création. Dans son étude consacrée à *L'Extase matérielle*, Teresa Di Scanno écrit ainsi: « Le langage ne fait qu'un avec la pulsation de l'univers; c'est donc une poésie du jaillissement » (32-33).

D'autre part, les aspirations de Le Clézio au primitivisme, tant dans le choix des thèmes que du langage, s'expriment par le passage de la culture à la nature. La valorisation de l'image de l'homme primitif, liée à la nostalgie des origines, constitue un paradigme significatif des récits mauriciens. Mircea Eliade souligne par ailleurs « l'obsession des origines » (*La nostalgie des origines* 81) qui pousse, depuis toujours, les historiens, les philosophes et les scientifiques, à déchiffrer l'origine de la vie et de l'univers. Le mythe cosmogonique, d'après lui, servirait de modèle à tous les mythes d'origine:

> On trouve donc toujours une histoire primordiale, et cette histoire a un commencement: le mythe cosmogonique proprement dit ou un mythe qui nous présente le premier état, larvaire ou germinal, du Monde. Ce commencement est toujours implicite dans la série des mythes qui racontent les événements fabuleux ayant eu lieu après la création ou l'apparition du Monde [...]. (130)

Selon Eliade, les mythes des origines racontent tous, plus ou moins, la même histoire: aux commencements, à l'époque paradisiaque, la paix, l'harmonie et l'abondance régnaient sur le monde. Les hommes ne connaissaient ni la mort, ni la souffrance. Les êtres humains vivaient en parfaite union avec la création et comprenaient le langage des animaux:

> Tous ces mythes présentent l'homme primordial jouissant d'une béatitude, d'une spontanéité et d'une liberté qu'il a fâcheusement perdues à la suite de la *chute*, c'est-à-dire à la suite de l'événement mythique qui a provoqué *la rupture* entre le Ciel et la Terre. (*Mythes, rêves et mystères* 79)

Eliade indique, dans son étude sur les Indiens Guaranis d'Amérique centrale, que le mot *paradis* en langue amérindienne se traduit par « Terre-sans-mal » (*La nostalgie des origines* 174). L'Age d'Or, décrit par les poètes et les artistes, évoque la vie éternelle dans une béatitude permanente. « Le désir d'un retour aux origines, le recouvrement d'une situation primordiale dénote, d'après Eliade, le désir de recommencer l'histoire, la nostalgie de revivre la béatitude et l'exaltation créatrice des commencements [...] » (*La nostalgie des origines* 151).

Chez Le Clézio, c'est également la nostalgie des origines qui anime les héros et les transforme en initiés. A travers des voyages réels et imaginaires vers des espaces primordiaux, les protagonistes rêvent de revivre l'extase de la création. Cette entreprise utopique les marginalise et les déchire, mais les conduit à la connaissance, c'est-à-dire à la découverte de « l'anima », figure de l'inconscient, qui selon la définition de Jung, correspond à la part féminine de l'homme. *L'anima* est une image de femme qui apparaît souvent dans les rêves des hommes. C'est, d'après Bruno Thibault, « une image psychique puissante et agissante, qui saisit l'homme par les sens » (« Immigration et Individuation » 362). Le « moi » (la conscience) et le « soi » (l'inconscient) fusionnent pour « recommencer la possibilité du secret, du mystère » (*Voyage à Rodrigues* 133). Dans ces trois œuvres du cycle mauricien, les héros expriment leur nostalgie du paradis, à travers la quête symbolique de l'or (*Le chercheur d'or* et *Voyage à Rodrigues*) et la recherche de « l'autre extrémité du temps » (*La quarantaine*), sur des îles que dominent les forces élémentaires. Les protagonistes, Alexis, le grand-père et Léon le Disparu, sont des marginaux qui fuient le monde moderne, la guerre et le colonialisme. Ces personnages sont en quête de « l'anima », c'est-à-dire, selon Jung, de l'accomplissement de soi, qu'ils ne peuvent réaliser dans le monde occidental, mécanisé et perverti. Nous montrerons dans quelle mesure leur quête s'inscrit dans une dimension utopique.

Il faut rappeler, en premier lieu, que la critique du monde moderne constitue, chez Le Clézio, un thème récurrent. Dans *Le procès-verbal*, *La fièvre* ou *Le déluge*, Le Clézio avait déjà dénoncé les menaces qui pèsent sur les sociétés occidentales éloignées de leurs valeurs intrinsèques. Dans *Pawana* par exemple, le village de Punta Bunda, lieu industriel improvisé pour l'exploitation des ressources naturelles (l'industrie baleinière au début du XXe siècle), représente un microcosme du monde moderne et de ses avatars. Comme le note Bruno Thibault:

> Punta Bunda is, for Le Clézio, the representative modern locus. On the one hand, it is a prototype of the modern metropolis: Without "center", without foundation, and without holiness, a simple human grouping sustained by economic interest and development. ("*Awaité Pawana:* J.M. J. Le Clézio's Vision of the Sacred" 724) (Punta Bunda est, pour Le Clézio, la représentation du monde moderne. D'une part, c'est le prototype de la métropolis moderne: privée de « centre », de fondement et de sainteté, un simple groupement humain soutenu par des intérêts économiques et de développement).

Dans *Le livre des fuites*, Le Clézio taxe les Occidentaux de « race des voleurs » (255). *Le rêve mexicain*, qui souligne la destruction des Amérindiens par les conquistadors espagnols, montre que l'homme occidental doit redécouvrir les valeurs des civilisations précolombiennes: « Parce qu'il s'est placé dans une position de déséquilibre, parce qu'il s'est laissé entraîner par sa propre violence, l'homme d'Occident doit réinventer tout ce qui faisait la beauté et l'harmonie des civilisations qu'il a détruites » (274).

Avec *L'Extase matérielle* cependant, indique Teresa Di Scanno, l'auteur « dépasse ces déchirements pour avancer sur un chemin qui le conduit, avec des errances le plus souvent tragiques, vers la connaissance de l'homme plongé dans l'univers » (12). Dans le fond, résume-t-elle, Le Clézio cherche moins à faire le procès du monde occidental qu'à découvrir le « soi » dans l'ailleurs. Du *Livre des fuites*, Bruno Tritsmans dit que le passage de « l'autre côté », c'est-à-dire vers le monde primitif, ne pourra s'accomplir sans une dépossession identitaire et matérielle:

> J. H. H. commence un long périple à travers le monde qui l'amène successivement en Extrême-Orient et en Amérique Latine, dans l'espoir de trouver un espace différent de la ville occidentale et de passer ainsi « de l'autre côté ». Par le voyage, il s'efforce d'oublier, de perdre le langage et les objets propres à la ville, et d'y substituer un

> rapport immédiat avec une nature inviolée par l'homme, qui lui apparaît « comme un livre ouvert, dont les mots parlent d'une science qui se suffit à elle-même ». (*Livres de pierre* 61)

Dans *L'Extase matérielle*, Le Clézio adopte un ton plus péremptoire et suggère une transformation totale: « Il faut quitter sa peau, son âme et sa langue, et redevenir celui qui n'est pas né » (464). Le sentiment d'inachèvement, exprimé par l'auteur, pousse les héros lecléziens à percer le secret des origines, individuelles et collectives: « Il y a au fond de moi, comme une âme qui n'aurait pas encore vu le jour [...]. Je me sens à tous points de vue inachevé » (*L'Extase matérielle* 22/ 54). C'est justement la certitude de leur incomplétude, qui incite Alexis le chercheur d'or ainsi que les narrateurs de *Voyage à Rodrigues* et de *La quarantaine* (porte-paroles de Le Clézio), à marcher sur les traces de leurs aïeux afin de comprendre le mystère des origines - et de leurs origines personnelles. A travers ces trois œuvres du cycle mauricien, nous allons démontrer, à quel point, chez Le Clézio, l'histoire collective et l'histoire individuelle sont étroitement mêlées. Comme déjà mentionné, le rêve des origines rejoint bien souvent, chez l'auteur, le rêve atavique:

> Un jour je reviendrai, dit le narrateur de *La quarantaine*, [...]. Ce sera pour réunir ce qui a été séparé, [...] à nouveau en moi, les deux ancêtres indissociables, l'Indien et le Breton, le terrien et le nomade, mes alliés vivant dans mon sang, toute la force et tout l'amour dont ils étaient capables. (457)

Dans *Voyage à Rodrigues* le narrateur déclare de surcroit:

> L'idée de ma survie dans ma postérité ne me touche pas beaucoup. L'avenir, cette énigme irritante, m'ennuie. Mais choisir son passé, se laisser flotter dans le temps révolu comme on remonte la vague, toucher au fond de soi le secret de ceux qui vous ont engendrés: voilà

> qui permet de rêver, qui laisse le passage à une autre vie, à un flux rafraîchissant. (115)

Le chercheur d'or, suivi du journal, *Voyage à Rodrigues*, ainsi que *La quarantaine*, présentent plusieurs points communs: l'action se situe sur des îles de l'Océan Indien (Maurice, Rodrigues, l'île Plate et l'îlot Gabriel); ils célèbrent la création et le retour aux origines du monde; les trois récits relatent la saga familiale de l'auteur et possèdent donc un caractère autobiographique. Ces écrits romanesques et philosophiques rendent hommage aux ancêtres, en particulier à ses deux grands -pères, dont l'écrivain narre les aventures, avec une piété filiale. *Le chercheur d'or* est d'ailleurs dédié à son grand-père Léon, qui porte le prénom d'Alexis dans le texte. L'auteur inverse les prénoms des aïeux. Dans *La quarantaine*, l'aïeul dont le prénom était Alexis, s'appelle Léon. L'histoire familiale de l'auteur est également mise en scène dans d'autres romans et récits autobiographiques du cycle africain: *Onitsha* et *L'Africain*, écrits à plusieurs années d'intervalle, racontent les expériences africaines (au Nigéria) du père de Le Clézio, médecin de brousse d'origine britannique, avec lequel il a toujours entretenu des rapports distants. Le Clézio aime à cultiver la mémoire familiale, mais il ne respecte pas pour autant le pacte autobiographique, ce qui serait tout à fait contraire à son esprit créateur et libre. *Le chercheur d'or* et *La quarantaine* présentent, comme Bruno Thibault l'a remarqué, une certaine subversion du roman familial et du pacte autobiographique :

> L'écriture « chimérique » de Le Clézio ne présente pas au lecteur une identité personnelle bien définie: au contraire elle trace le chemin vers l'inorigine et vers le Soi… (« La métaphore exotique chez Le Clézio » 859)

Fabrice Leroy, dresse à peu près le même constat:

> Le récit de Léon narrateur, dans *La quarantaine*, consiste à redoubler la trace du Léon passé, à s'y identifier jusqu'à fusionner avec lui, délaissant le pacte autobiographique pour un travail d'affabulation non-historique. (« L'étendue de la filiation » 97)

Ces mêmes remarques s'appliquent au narrateur de *Voyages à Rodrigues*, qui finit par s'identifier totalement à la personne du grand-père paternel. Fabrice Leroy insiste sur la filiation problématique de ces romans puisque les personnages d'Alexis et de Léon « font tous deux l'expérience de la dépossession et du déracinement » par leur refus de « rejoindre l'univers patriarcal des grands mounes » (92-93). C'est, ajoute-t-il, « cette cassure de la filiation, cette chute du paradis mauricien, qui, dans les romans, entraîne Alexis et Léon sur le terrain de l'étendue, dans un processus de naissance » (93). Ces récits mauriciens, bien que différents par la forme et le contenu, poursuivent le même objectif: retrouver par la mémoire et la fusion de la pensée, les ancêtres de la généalogie personnelle ainsi que le monde des origines, qui se confond avec l'image du paradis perdu.

Le chercheur d'or (1985), premier roman du cycle mauricien, raconte la destruction de la maison familiale de « l'Enfoncement du Boucan » à Maurice, après le passage d'un ouragan. Alexis, l'arrière grand-père paternel de l'auteur, souhaite reconstruire le paradis de son enfance et racheter les terres saisies par l'oncle Ludovic. Dans l'espoir de retrouver le trésor qu'un corsaire inconnu aurait caché, quelque deux cents ans plus tôt, il s'embarque vers l'île Rodrigues, située à environ huit cents kilomètres de Maurice.

Voyage à Rodrigues (1986) se présente sous la forme d'un journal personnel qui constitue une suite du *Chercheur d'or*. Les deux textes forment un ensemble complémentaire. Ici, le lecteur suit le narrateur-auteur sur les traces de son grand-père à Rodrigues. Le narrateur, qui partage les interrogations et la désillusion de l'aïeul face à la quête vaine du trésor, finit par découvrir un domaine magique.

La quarantaine (1995), écrit presque dix ans plus tard, relate l'épopée du grand-père maternel de Le Clézio, retenu sur l'île Plate, située en face de l'île Maurice, et sur laquelle une quarantaine historique fut décrétée en 1891, à la suite d'une épidémie de variole. Comme Alexis dans *Le chercheur d'or*, Léon, (le grand-oncle de l'auteur), y trouvera l'amour ainsi qu'une autre conception du temps et du monde.

La mémoire et les réminiscences sont par ailleurs des thèmes essentiels dans ces récits initiatiques. Dans l'espoir chimérique d'abolir le temps et la mort, l'écrivain ressuscite par l'écriture les ancêtres personnels ou inconnus: « C'est la mémoire qui vibre et tremble en moi, ces autres vies, ces corps brûlés, oubliés, dont le souvenir remonte à la surface de l'île » dit Léon (*La quarantaine* 255). Il invite le lecteur à partager ses angoisses et ses interrogations face à l'absurdité de la destinée humaine:

> Que reste-il des émotions, des rêves, des désirs quand on disparaît? [...]. Celui que je cherche n'a plus de nom. Il est moins qu'une ombre, moins qu'un fantôme. Il est en moi, comme une vibration, comme un désir, un élan de l'imagination, un rebond du cœur, pour mieux m'envoler. (30)

Au début de *La quarantaine*, le narrateur, porte-parole de Le Clézio, cite aussi les vers de Baudelaire (« L'Ennemi »), pour illustrer son désarroi face au temps destructeur:

> Ô douleur! Ô douleur!
> Le temps mange la vie,
> Et l'obscur Ennemi qui nous ronge le cœur
> Du sang que nous perdons croît et se fortifie! (28)

Pour oublier le drame humain, Le Clézio se réfugie dans le monde imaginaire des origines. La nostalgie du paradis, où le temps qui dévore n'existe pas, se trouve essentiellement exprimée, dans *Le chercheur d'or* et dans *Voyage à Rodrigues*, par les symboles de la maison et de l'or. Dans *La quarantaine*, c'est surtout l'île qui représente le paradis perdu. La perte d'Euréka, la demeure familiale de *Voyage à Rodrigues*, et de la maison du Boucan dans *Le chercheur d'or*, est à l'origine de l'errance et du malheur du clan Le Clézio:

> Tous les enfants de Sir Eugène quittent le domaine où ils sont nés, où ils ont grandi heureux. Les garçons voyagent, vont au bout du monde, en Amérique, en Afrique, en Europe. Les filles, elles, sont vouées à la pauvreté. La perte d'Euréka me concerne aussi, puisque c'est à cela que je dois d'être né au loin, d'avoir grandi séparé de mes racines, dans ce sentiment d'étrangeté, d'inappartenance. (*Voyage à Rodrigues* 113)

Le héros du *Chercheur d'or* énumère les épreuves qui se sont abattues sur sa famille: « Je dois vaincre la destinée qui nous a chassés de notre maison, déclare Alexis, qui nous a ruinés, qui a fait mourir notre père » (38). La perte de la maison du Boucan fonctionne comme une métaphore de la chute originelle. Les deux maisons ne sont en fait qu'une seule, même si dans *Le chercheur d'or*, l'auteur en a changé le nom. Euréka (nom symbolique) est nommée la maison du Boucan dans *Le chercheur d'or*. Dans le roman, la demeure des ancêtres a été détruite par un ouragan, tandis que dans le journal (*Voyage à Rodrigues*), l'auteur restitue la vérité historique: le domaine Euréka a été perdu à cause d'une banqueroute. L'ancêtre, qui, selon la chronique familiale, possédait les plans de la cachette d'un trésor enfoui sur l'île Rodrigues par un corsaire inconnu, s'est lancé à la conquête de l'or pour récupérer Euréka. Construite en 1812 à Moka (Maurice) pour la famille Robinson, Euréka a été rachetée, en 1856, par Eugène Le Clézio, père de Sir Eugène et de Sir Henry. Depuis 1986, cette belle demeure créole, a été transformée en musée. On comprend donc l'attachement de l'écrivain à Euréka. Située sur l'île Maurice, dont on connaît le charme exotique, la propriété familiale constitue le point de départ de la quête du grand-père: « C'est le domaine qu'il a voulu retrouver, en entrant dans un autre rêve, comme pour nier l'impossible par l'impossible » (*Voyage à Rodrigues* 120). L'aïeul de l'auteur souhaitait en effet découvrir sur les terres de Rodrigues une autre Euréka. Le Clézio avoue, de son côté, puiser son inspiration dans l'aventure malheureuse de son grand-père:

> Aucune autre maison n'aura jamais d'importance, aucune n'aura tant d'âme. S'il n'y avait eu Euréka, si mon grand-père n'en avait été chassé avec toute sa famille, sa quête de l'or du Corsaire n'aurait pas eu de sens. Cela n'aurait pas été une aventure aussi inquiétante, totale. (*Voyage à Rodrigues* 119)

La perte du domaine est considérable car Euréka représentait, pour toute la lignée Le Clézio, le paradis terrestre, une sorte de jardin primordial: « Maison immense et silencieuse, abstraite dans le secret de son jardin d'Eden, portant en elle le souvenir de sa naissance, comme un lieu où l'on ne retourne jamais » (*Voyage à Rodrigues* 121). Euréka, écrit encore Le Clézio, est « le symbole de la beauté et de la paix, loin du monde, loin des guerres et des malheurs » (*Voyage à Rodrigues* 119). Dans *Le chercheur d'or*, c'est « le grand arbre Chalta du bien et du mal » (22), situé dans la propriété du Boucan, qui représente le jardin paradisiaque. Dans les deux œuvres, le chercheur d'or dépossédé du domaine enchanté de son enfance espère trouver à Rodrigues « un lieu où renaître et se recentrer » (Thibault, « La métaphore exotique chez Le Clézio » 845). Nous étudierons plus loin le sens de la quête du chercheur d'or. Euréka apparaît surtout comme une maison mythique. Elle est décrite, dans *Voyage à Rodrigues*, à travers sa représentation sur une toile. La maison possédait, selon « cette formule pour moi presque rituelle » (118), nous dit le narrateur, « cent fenêtres » (118). La description presqu'irréelle d'Euréka vient encore renforcer l'atmosphère fantastique qui règne autour de la maison. Le parc, avec son romantisme et « la magnificence de la nature tropicale » (118), évoque la beauté luxuriante de l'Eden. Le Clézio situe d'ailleurs Euréka dans « cette sorte d'ère du bonheur » qui devait être celle de « son commencement » (130).

Dans *La quarantaine*, c'est Anna, la maison de Médine (Maurice) qui représente, pour le narrateur, le bonheur passé et la mémoire de la famille Archambau dont il est le descendant: « C'est Anna que je suis venu voir. Les deux Anna. D'abord la maison du côté de Médine, la ruine noire du moulin à sucre perdue dans les champs de cannes comme une épave » (421). Telles Euréka ou la maison du Boucan, le domaine d'Anna évoque le paradis perdu de la naissance et de l'enfance: comme Léon le Disparu, auquel il s'identifie, le narrateur « rêve de la mer éblouissante, du bruit de la mer sur les rochers noirs d'Anna. Un jour je reviendrai, dit-il, et tout sera à nouveau, comme si le temps n'était pas passé » (457). Bien qu'associée à l'ancêtre haï, Alexandre Archambau le grand moune (le grand Blanc), la propriété d'Anna conserve les caractéristiques des lieux idylliques: « La route était éblouissante, recouverte de gravier de corail, qui unissait Anna à Port-Louis par Grand-Rivière [...] » (423).

Dans *Les structures anthropologiques de l'imaginaire*, Gilbert Durand compare également la maison, qui représente l'intimité chaleureuse, à un « centre paradisiaque » (280). Pour Gaston Bachelard, dans *La poétique de l'espace*, la maison est le symbole de l'univers intime et des divers états de l'âme (chapitre II 51). Elle constitue un centre propice à la rêverie et aux souvenirs. Selon le *Dictionnaire des symboles*, la maison est associée, dans les traditions orientales, à l'image de l'univers. La maison traditionnelle chinoise par exemple est « carrée et s'ouvre au soleil levant » (Chevalier et Gheerbrant 603). La maison arabe est aussi « carrée, fermée autour d'une cour carrée qui comporte en son centre un jardin [...]. Le jardin central est une évocation édénique, ouvert en outre exclusivement à l'influence céleste » (603). En Afrique Noire, chez les Dogons, la grande maison familiale est liée à « la totalité du grand corps vivant de l'univers » (604). Enfin, la maison comme l'île, est en général un symbole féminin et matriciel.

Dans les textes mauriciens étudiés, l'île symbolise également le paradis originel. Univers minéral et mythique, l'île fascine les héros lecléziens qui voient aussi, dans sa forme circulaire, un symbole matriciel. Pour Léon, dans *La quarantaine*, « C'est comme si l'île tout entière était mémoire, surgie au milieu de l'Océan, portant en elle l'étincelle enfouie de la naissance » (255). L'image sous-jacente des grandes civilisations perdues au fond des océans fait bien sûr resurgir les mythes des îles matricielles, tels que l'Atlantide et la Lémurie.

L'île Maurice, qui n'est pourtant pas la préférée du narrateur, offre un contraste saisissant avec l'aspect désolé de l'île de la Quarantaine, située juste en face. Maurice se pare alors des symboles attachés aux mythes de la terre-mère et du paradis terrestre:

> [...] je suis resté un long moment au bord du cratère, à regarder l'île-mère. Jamais elle ne m'avait semblé plus proche, plus familière, grand radeau de verdure et de douceur posé sur la ligne d'horizon. (98)

Dans *Vendredi ou les limbes du Pacifique* de Michel Tournier, auquel Le Clézio est souvent comparé, l'île est également féminine: Speranza revêt, aux yeux de Robinson, tous les attributs de la maternité. Les eaux du lagon, qui renvoient généralement à « un symbolisme amniotique » (Durand 281), évoquent la pureté et la félicité originelles. Alexis et Léon éprouvent un bonheur sans limite à nager dans les eaux claires et régénérées du lagon, aux côtés de jeunes femmes, belles comme des déesses: « [...] les yeux grands ouverts, dit Léon, je bois le bleu sans limites, je plane comme un oiseau, les bras étendus, retenant mon souffle si longtemps que suis pris de vertige » (*La quarantaine* 136).

Voyage à Rodrigues présente aussi l'île comme un espace originel où règnent les forces naturelles: « Il y a dans cet assemblage de la pierre noire, de la mer et du vent, quelque chose de l'éternité et de l'espace » (15). Dans *Le chercheur d'or*, c'est l'île de Saint-Brandon, évoquée par le timonier du Zeta, qui représente le monde des origines: « A Saint-Brandon tout est neuf comme aux premiers jours du monde [...]. Ici le ciel est immense et pur, comme s'il n'y avait pas d'autre terre au monde, que tout allait commencer » (178). Le timonier racontait encore « l'eau couleur de ciel, où sont les plus beaux poissons du monde, les tortues, les peuples d'oiseaux de mer » (176). Les îles bienheureuses, répliques du jardin édénique, ont enfin longtemps servi de modèles à des littératures exotiques et utopiques.

> [...] l'île merveilleuse, comme le dit Bruno Thibault, correspond à une image paradisiaque: c'est un jardin d'Eden, primitif et tropical, oublié, par les hommes. [...] le lagon correspond à une vision numineuse: c'est la matrice originelle où les tortues géantes, surgies du fond des eaux et du fond des âges, viennent se reproduire selon un rituel inchangé depuis la fondation du monde.(« La métaphore exotique chez Le Clézio » 849)

Par son appartenance symbolique à Suryavati, jeune métisse indienne, que Léon compare à une divinité, l'île de la Quarantaine, ainsi nommée dans le texte, rejoint le monde sacré des origines:

> Elle est de la Quarantaine, du rocher noir du volcan et du lagon à la mer étale. Et maintenant, je suis moi aussi entré dans son domaine [...]. Elle est la déesse de l'île [...]. Tout ce qu'il y a ici est à elle [...] l'eau du lagon et les vagues qui déferlent, tout lui appartient. (124 /150)

Ouma, jeune Afro-Indienne d'une beauté surnaturelle, semblable également à une déesse, possède l'île Rodrigues à laquelle elle confère sa magie: « Peut-être que tout cela lui appartient, dit Alexis, qu'elle est, ainsi que ceux de son peuple, la véritable maîtresse de la vallée » (*Le chercheur d'or* 227).

Les îles décrites par Le Clézio n'ont pourtant rien de paradisiaque: l'île Rodrigues ressemble à la lune; l'îlot Gabriel (du nom de l'ange de l'Annonciation) n'est qu'un rocher volcanique où sont relégués les condamnés atteints de la variole; l'île Plate ou l'île de la Quarantaine, avec son aspect de monstre saurien, est le théâtre de ségrégations ethniques (système de castes) et d'affrontements interraciaux (entre Européens et Indiens). Finalement « le paradis est moins une question de lieux que d'états » (Chevalier et Gheerbrant 730) et correspondrait davantage au « jardin de la claire perception intérieure » (730). Si l'île apparaît, chez Le Clézio, comme un centre sacré et primordial, sa toponymie circulaire, caractérisée par des couches et des couleurs superposées, évoque aussi l'image symbolique du mandala (« cercle magique » en sanskrit et noyau originel de la psyché pour Jung) qui sera traitée plus loin.

La nostalgie du paradis s'exprime d'autre part, dans *Le chercheur d'or* et dans *Voyage à Rodrigues*, par la quête symbolique de l'or. Alexis et l'aïeul se rendent sur l'île Rodrigues où ils espèrent, grâce aux plans laissés par un corsaire inconnu, retrouver le trésor caché dans l'Anse aux Anglais. Cette entreprise chimérique et éprouvante, tant sur le plan physique que psychique, les mène devant la cachette vide du trésor. La vie sur l'île est plutôt un enfer quotidien:

> Comment a-t-il pu rester là, se demande le narrateur évoquant son grand-père, comme prisonnier de cette pierre, loin des hommes, loin de sa famille, sans repos ni douceur, avec pour seul horizon cette muraille, avec pour seul ciel cette lumière au fond du puits, avec le soleil brûlant de midi, et l'ombre qui descend, dans la chaleur âcre de la poussière de lave, dans le bruit strident des *sand-flies* ? [...]. Comment a-t-il pu vivre là, près du ravin, sans penser à la réussite, sans croire à l'avenir? (*Voyage à Rodrigues* 87-88)

Ce « voyage au centre de la terre » (emprunté au roman de Jules Verne), à la conquête de l'or, constitue en réalité « le point de départ d'une nouvelle quête pour ainsi dire infinie » (*Voyage à Rodrigues* 89). Dans ce lieu d'enfermement et d'aliénation, l'aïeul du narrateur découvre le prix de l'existence, tandis qu'il fait l'apprentissage de la survie. La révélation d'une autre conception du temps et de la vie s'impose ensuite à Alexis et au grand-père de *Voyage à Rodrigues*: « Depuis que j'ai compris le secret du plan du corsaire inconnu, je ne ressens en moi plus aucune hâte [...] il me semble, dit Alexis, que ma quête n'a plus le même sens » (*Le chercheur d'or* 299). Le protagoniste comprend aussi que l'amour d'Ouma est plus important que l'or: « C'est elle, déclare-t-il, qui détient les clefs du secret du chercheur d'or » (291).

Bruno Thibault mentionne que l'objet véritable de la quête d'Alexis « n'était pas l'or mais *l'Orient*: c'est-à-dire l'autre côté de l'esprit » (« La métaphore exotique chez Le Clézio » 852). Jacqueline Dutton écrit pour sa part:

> Après avoir trouvé une première cachette vide et puis une deuxième, l'inutilité de la quête de l'or s'impose à lui [Alexis], ce qui ouvre les yeux du protagoniste sur le vrai but de sa quête – la connaissance de soi-même qui représente le seul moyen d'atteindre le

bonheur. (« Du paradis à l'utopie ou le rêve atavique de J. M. G. Le Clézio » 480)

« Plus qu'un trésor, de toute façon inaccessible, le grand-père veut atteindre, d'après Bruno Tritsmans, *un autre ordre*, qui est peut-être celui de sa *destinée*, voire même *l'harmonie du monde* » (*Livres de pierre* 72).

L'or par ailleurs revêt souvent une signification péjorative. Ouma et les Manaf, anciens esclaves marrons, le méprisent: « l'or ne vaut rien » (*Le chercheur d'or* 269). Le narrateur de *La quarantaine* compare la poudre d'or à de « la poudre aux yeux et à des masques » (454). Le caractère épique de la conquête de l'or amène toutefois Alexis à le revaloriser. Ce dernier, qui se compare au héros mythique, Jason, réalise néanmoins que le véritable but des Argonautes n'était pas la Toison d'or mais la rencontre avec le « Soi »:

> Je pense encore au navire Argo, comme il allait sur la mer inconnue, dit Alexis [...]. Qu'importaient les trésors, les terres? N'était-ce pas le destin qu'ils devaient reconnaître, certains dans les combats, ou la gloire de l'amour, d'autres dans la mort? (*Le chercheur d'or* 162)

L'or fait aussi écho à « Laure » et à « l'Age d'or ». Laure, dans *Le chercheur d'or*, est la sœur bien aimée d'Alexis. Elle est également la principale destinatrice de la quête: « C'est pour Laure que je suis sur ce bateau, déclare Alexis » (138). Les deux protagonistes forment en quelque sorte un couple fraternel, à l'image d'Adam et Eve. L'or est d'autre part lié au mythe de l'Age d'Or, et symbolise donc l'harmonie primordiale et éternelle. Les âges suivants, d'argent, d'airain et de fer marquent en revanche la chute de l'homme, chassé du Paradis. Dans de nombreuses religions et croyances, l'or est un attribut divin. Chez les Bouddhistes notamment, l'or représente « l'Illumination » et « l'absolue perfection » (Chevalier et Gheerbrant 705). On retrouve sensiblement la même conception chez les alchimistes de la Renaissance qui considéraient que la transmutation du plomb en or équivaudrait à la transformation « de l'homme par Dieu en Dieu » (Chevalier et Gheerbrant 705). Pour les Brahmanes l'or symbolise l'immortalité, c'est pourquoi, en Inde et en Chine, on préparait des drogues d'immortalité à base d'or (Chevalier et Gheerbrant 705). La quête du paradis perdu, chez Le Clézio, correspond finalement à un idéal existentiel, qui trouve ses racines les plus profondes dans l'histoire personnelle, mais aussi dans les grands modèles utopiques. Jacqueline Dutton confirme l'intention utopique de l'écrivain:

> Tous les arguments déjà exposés pour démontrer le passage du paradis à l'utopie ne sont que renforcés par les références à la république de Libertalia, présentée comme exemple du monde idéal rêvé par tous les chercheurs d'or. On ne peut s'empêcher de conclure que cette quête qui passe par le trésor, l'or, le paradis perdu, la compréhension et la connaissance de soi-même, le bonheur et l'amour, trouve ses racines dans la recherche d'une nouvelle vie dans un nouveau monde, dans une utopie. (484)

La mention de Libertalia, colonie fondée par des pirates sur l'île de Madagascar au XVIIe siècle et qui aurait perduré vingt-cinq ans, situe les aventures du chercheur d'or dans une tradition utopique qui a connu son apogée au XIXe siècle. Les récits de Le Clézio oscillent entre réalisme et imaginaire, temps historique et mythique, espaces réels et rêvés, mais offrent généralement une vision idéalisée qui indique une prédilection pour l'utopie. La représentation utopique, dans les trois œuvres étudiées, n'est cependant pas tout à fait celle rencontrée dans *Ourania* (2006), car dans les textes mauriciens, l'utopie ne s'appuie pas sur des modèles historiques ou littéraires impliquant l'élaboration d'un système.

Dans son roman *Ourania*, Le Clézio décrit la société idéale formée par le peuple Arc-en-Ciel dans la cité de Campos, située dans la vallée de Tepalcatepec (centre du Mexique). L'écrivain s'inspire de sa propre expérience dans une communauté indienne, mais aussi de l'exemple du missionnaire espagnol, Vasco De Quiroga, qui créa au Mexique, en 1535, la première utopie européenne du Nouveau Monde. De Quiroga et Le Clézio ont principalement puisé leur inspiration, dans le modèle érigé par Thomas More, dans son *Utopia*, écrite en 1516. L'auteur s'inspire également des théories de Saint-Simon et de Charles Fourier dont les phalanstères ont aussi influencé la création des Kibboutzim en Israël.

> Nous sommes ici dans le pays rêvé pour les utopies, dit le narrateur. C'est hors hors du temps, c'est un peu nulle part. Du reste, c'est le seul endroit au monde où un homme, pas n'importe lequel, Vasco De Quiroga, le premier évêque du Michoacàn, a réalisé à la lettre l'Utopie de Thomas More, et a mis en application tous ses principes, dans un village sur le bord du lac de Pàtzcuaro, à Santa Fe de la Laguna, où il a fondé un couvent-hôpital avec des cellules, et réparti la population en phalanstères, et ce qu'il a fait existe encore aujourd'hui. (*Ourania* 65)

Le Clézio exprime ici sa fascination pour les utopies dont il donne une définition. *Le Petit Larousse* (1998) permet de compléter cette définition:

> Les utopies décrivent le fonctionnement de sociétés parfaites dont on suppose l'existence dans un lieu généralement clos (une cité, une île etc.). Fournissant des arguments pour la critique de l'ordre existant, elles peuvent aussi s'offrir comme des modèles pour l'établissement de communautés heureuses. (1050)

L'utopie d'*Ourania* rejoint également le modèle proposé par Platon au quatrième siècle avant Jésus-Christ. Comme dans *La République* du philosophe de l'Antiquité grecque, l'économie de Campos repose sur la propriété collective des moyens de production et l'absence d'échanges marchands (la monnaie n'existe pas). Le peuple Arc-en-Ciel se montre, comme dans toutes les utopies, pacifique et respectueux de la liberté d'autrui.

Dans *Ourania* d'autre part, les habitants de Campos utilisent l'elmen, langue inventée et primitive, qui évoque la langue adamique parlée par Adam et Eve au Paradis. Cette langue, « qui ne sert pas seulement à parler, mais à chanter, à crier, ou à jouer avec les sons » (165), rappelle les énoncés de l'écrivain par rapport au langage. Dans son rêve d'être « le premier homme d'un règne, le commencement d'une lignée » (130), le grand-père de *Voyage à Rodrigues* invente également une langue, composée principalement de signes et de symboles ésotériques:

> Il invente une langue pour rêver plus que pour parler, une langue pour s'adresser au monde étrange dans lequel il a choisi de vivre [...]. C'est une langue pour parler au temps passé, pour s'adresser aux ombres, au monde à jamais disparu, du temps où la lumière brillait si fort sur la mer des Indes, et dont seul le silence minéral de Rodrigues a su garder, par le miracle du désert, cette trace encore visible au-delà de la mort. (96-97)

Le mythe du premier homme et la nostalgie du paradis, que l'on retrouve dans les trois œuvres du cycle mauricien, souligne le caractère utopiste de la littérature leclézienne. A l'instar de l'homme primitif décrit par Mircea Eliade, le héros, chez Le Clézio, aspire à l'anéantissement du monde pour le recréer, et recommencer l'histoire tout en répétant les gestes sacrés des dieux (Eliade, *Aspects du mythe* 13). Ainsi que le souligne Jacqueline Dutton, « Le rêve de Robinson, le rêve d'un domaine unique où tout serait possible, nouveau, presque enchanté » (483) s'inscrit dans la grande tradition utopique des romanciers du XIXe siècle. L'essentiel de l'action du *Chercheur d'or*, de

Voyage à Rodrigues et de *La quarantaine* se situe dans une forme d'atemporalité et de non-lieu propres à l'utopie.

Toutefois, si la quête des origines qui anime les héros lecléziens s'apparente à l'utopie, l'écrivain en montre aussi les limites. La découverte de la cachette vide du trésor constitue sans doute une première démystification de l'utopie des protagonistes. La quête épuisante de l'or se solde par un échec. De même, le désir du narrateur de *Voyage à Rodrigues* de « revivre dans le corps de son grand-père » (115) et de comprendre sa passion pour cette terre aride, demeure chimérique:

> Comment partager le temps? Ce que je suis venu chercher à Rodrigues m'apparaît maintenant clairement. Et m'apparaît aussi clairement l'échec de cette enquête. J'ai voulu remonter le temps, vivre dans un autre temps, dans un autre monde. J'ai cru pouvoir y parvenir ici au fond de l'anse aux Anglais, dans ce décor où mon grand-père a vécu et construit son rêve. (114)

Le narrateur réalise surtout qu' « on ne partage pas les rêves » (125-126). Il poursuit sa réflexion sur le caractère utopique de la quête de son aïeul: « Sa quête c'est celle d'un bonheur perdu, désormais illusoire, le mirage de la paix et de la beauté d'Euréka, qu'une journée de 1910 a brisé et réduit en poudre, pour toujours » (114). Plus loin, le narrateur porte-parole de Le Clézio, évoque encore la quête irréalisable de son ancêtre: « Mais sans doute savait-il déjà que ce qu'il cherchait n'avait pas vraiment de nom, n'appartenait pas vraiment au monde réel » (130). Par ailleurs, le départ à la guerre (1914-18) d'Alexis provoque, dans *Le chercheur d'or*, une rupture brutale avec le monde imaginaire que le héros s'était construit sur l'île Rodrigues.

Enfin, le rêve des origines est, chez Le Clézio, indissociable de l'écriture autobiographique, où histoire des ancêtres et Histoire universelle s'entremêlent. Dans une interview Le Clézio déclare:

> Ainsi ai-je cessé d'escamoter, d'éluder mon rapport autobiographique à l'écriture. Le cheminement vers l'origine est lié à ce besoin identitaire, qu'éprouve tout être, de mieux comprendre son enracinement dans le monde. Ma propre relation au monde passe par les lieux que j'évoque, par ces pays, ces peuples différents, par cette histoire mouvementée et qui renvoie toujours à la guerre [...]. Si le roman est un isoloir, il doit nous permettre de mieux comprendre, il doit nous aider à mieux assimiler la genèse de notre propre Histoire. (Ferraro, « Espaces réels, espaces rêvés » 493)

2. L'involution.

Le rêve des origines, dans les œuvres lecléziennes, suit une courbe ascendante qui consiste à remonter le temps pour essayer de revivre le monde, au moment de la Création. L'histoire de l'homme et de l'univers n'est donc pas vue comme une évolution mais plutôt comme une involution. Les héros du *Chercheur d'or*, de *Voyage à Rodrigues* et de *La quarantaine* subissent des épreuves et passent par une mort symbolique, avant de renaître dans le temps primordial. L'involution est récurrente dans d'autres œuvres de Le Clézio telles que *Voyages de l'autre côté* (1975), où la régression a lieu, non dans une caverne, mais dans l'eau matricielle: « On allait à rebours à travers les siècles, rien qu'immobile dans la masse liquide [...] » (10), « On descendait vers ces gouffres, on voyageait à l'envers, on recherchait l'autre soleil [...] » (16), « La vieillesse était allée jusqu'à la limite du temps, pour retrouver le moment où les choses apparaissent » (303).

Le concept d'involution suggère une régression symbolique vers l'utérus et vers le stade embryonnaire. Son aboutissement est une nouvelle création liée à une hiérophanie, c'est-à-dire des « manifestations du sacré exprimées dans des symboles, des mythes, des Etres Surnaturels » (Eliade, *La nostalgie des origines* 11). Le retour aux origines s'effectue d'abord par un repli sur soi, suivi d'un désir d'effacement, voire de disparition, dans des lieux symboliques tels que le ravin ou la grotte, du moins dans *Voyage à Rodrigues* et dans *La quarantaine*. Au bord du ravin, le narrateur de *Voyage à Rodrigues* ressent une émotion violente, similaire à celle éprouvée par Léon dans la grotte (*La quarantaine*). Non seulement il peut, dans cet endroit « chargé de sens et mystérieux » (94), retrouver les traces visibles de la présence de son grand-père, mais il a « la sensation de remonter le cours du temps, de renverser l'ordre mortel » (94).

Nous analyserons à présent la symbolique de ces antres, assimilés à la caverne, qui constituent des « archétypes de la matrice maternelle et figurent les mythes d'initiation » (Chevalier et Gheerbrant 180). L'image de la caverne renvoie, dans presque toutes les civilisations, aux mythes d'origine. A ce titre, *Le Dictionnaire des symboles* mentionne que « de nombreuses cérémonies d'initiation commencent par le passage de l'impétrant dans une caverne ou une fosse: c'est la matérialisation du *regressus ad uterum* défini par Mircea Eliade » (Chevalier et Gheerbrant 180). Eliade indique en outre que le but des cérémonies d'initiation et des rites funéraires pratiqués dans les cavernes est « un retour mystique à la Mère » (*Mythes, rêves et mystères* 211). Dans la mythologie grecque, la caverne représente le monde duquel l'initié doit sortir pour découvrir la lumière et vivre en harmonie avec le cosmos (rites d'Eleusis et mythe de la caverne de Platon). Les croyances orientales font de la caverne le réceptacle des forces telluriques et cosmiques. Sa configuration évoque le cosmos: « son sol plat correspond à la terre, sa voûte au ciel » (Chevalier et Gheerbrant 182). La caverne est considérée comme une sorte d'axe du monde. C'est non seulement le lieu des naissances et des renaissances mais aussi celui des mystères et des révélations: dans l'Islam, le prophète Muhammad reçoit, à l'âge de quarante ans, la visite de l'ange Gabriel dans une caverne. Le Coran rapporte encore que Dieu a endormi un petit groupe d'hommes et leur chien dans une caverne, pendant plusieurs années, afin de les éprouver, et les a ensuite ressuscités (*La caverne* sourate 18).

D'un point de vue psychanalytique, la caverne symbolise « l'exploration du moi intérieur, et plus particulièrement du moi primitif, refoulé dans les profondeurs de l'inconscient » (Chevalier et Gheerbrant 181). On retrouve finalement un condensé de toutes ces interprétations dans les œuvres de Le Clézio, notamment dans *La quarantaine*, où la caverne est perçue comme un lieu matriciel et « magique » (217). Dans *Voyage à Rodrigues*, le ravin apparaît comme un symbole double, à la fois positif et négatif. L'écrivain consacre plus d'une dizaine de pages, dans chaque texte, à l'évocation de ces antres mythiques.

Temple ou « porte de l'Hadès » (*Voyage à Rodrigues* 94), le ravin dans lequel le grand-père de l'auteur a vécu, est tout à fait symbolique. Lorsqu'il découvre le ravin, le narrateur est d'abord saisi d'effroi: « A l'entrée du ravin, chaque fois que je me suis approché de cette faille, j'ai ressenti un frisson, cette sorte d'instinctive répulsion que me donnent les grottes » (94). Le narrateur compare le ravin à l'entrée des Enfers et ne peut, dans un premier temps, comprendre l'intérêt de son aïeul pour ce lieu sinistre: « Il y a la mort ici, dans le fond de ce ravin. Eau morte, pierres brûlées, schistes pourris, buissons d'épines [...]. Ici, l'on est enfermé dans sa propre folie, tourné vers la pierre, le stérile, l'infranchissable » (94).

Mais, peu à peu, l'aïeul voue au ravin une dévotion religieuse. Le grand-père se confond avec le gardien d'un temple sacré, d'« un guetteur éternel », qui veille sur le domaine du corsaire « pour l'aimer et l'interdire à jamais » (92). Comparé à un sanctuaire, le ravin conserve le souvenir du défunt: « Dans cette tranchée vide », le narrateur ne fait plus qu'un avec l'ombre de son grand-père, il entend « le son de sa voix, le bruit de ses pas » et sent « son regard, son souffle » (95). La quête du narrateur acquiert alors tout son sens: « Il me semble que je suis enfin parvenu tout près de celui que je cherche [...] » (95).

Le ravin devient également une métaphore du cosmos, un point de rencontre entre la terre et le ciel: « J'ai l'impression, dit le narrateur, que par cette plaie le tourbillon de lumière pénètre à l'intérieur de la terre, se mêle au magma » (90). Le plan de l'antre, dont le tracé géométrique, ressemble à « une figure cabalistique » (85), renforce son mystère. Il forme un axe du monde duquel partent toutes les lignes de la vallée de l'Anse aux Anglais. Le ravin est non seulement « le lieu le plus important du rêve » (84) du grand-père, mais il constitue aussi un centre sacré d'où émerge la psyché.

Le caractère à la fois maternel et érotique du ravin est suggéré à travers la métaphore du sexe féminin. L'antre représente « le corps d'une Déesse tellurique » (Eliade, *Mythes, rêves et mystères* 211): « Le ravin c'est une échancrure [...] une faille ouverte naturellement dans l'épaisseur de la falaise basaltique » (*Voyage à Rodrigues* 83). Il préfigure les mythes initiatiques et extatiques souterrains. L'utilisation de la grotte ou du ravin comme symboles matriciels accrédite « la pérennité de l'image primordiale de la Terre-Femme » (Eliade 211). Les métaphores poétiques qui décrivent l'expérience du grand-père dans le ravin offrent, à un second niveau de lecture, une connotation fortement sexualisée:

> Je peux imaginer en lisant ces lignes, tout ce que mon grand-père ne dit pas: son cœur qui bat fort, tandis qu'il progresse de repère en repère, escaladant l'à-pic du ravin en s'aidant des arbustes épineux; la brûlure du soleil sur la roche basaltique, le bruit du vent dans les aspérités, le souffle chaud qui sort du fond du ravin, le poids des

> pierres qu'il déplace tandis que la poudre noire coule dans les interstices de la roche. (*Voyage à Rodrigues* 86-87)

Dans *La quarantaine*, la grotte symbolise également le vagin ainsi que l'utérus de l'amante et de la mère. Comme nous le verrons plus loin, Eros et Thanatos sont intimement mêlés à l'image de la caverne, où l'initié meurt pour naître à nouveau. On retrouvait la même approche dans le roman de Michel Tournier, *Vendredi ou les limbes du Pacifique*. Dans une grotte de l'île où il a échoué, le Robinson de Michel Tournier s'enduit de lait, avant de se mettre en position fœtale. De son côté, le grand- père de *Voyage à Rodrigues*, a passé trente ans à fouiller les entrailles du ravin tout en sachant qu'il ne trouverait pas le trésor du corsaire. Malgré la découverte de la cachette vide, le ravin « ne cesse pas pour autant d'être au centre de son rêve » (84). Que cherche donc le vieil homme, si ce n'est les traces de la genèse, au fond de ce trou inhospitalier ? Eliade suggère que « le Sol produit les enfants comme il produit les rochers, les sources et les herbes » (*Mythes, rêves et mystères* 208). Dans ce ravin, qui « montre clairement l'existence d'une ancienne source » (92), le grand-père espère sans doute renaître des profondeurs de la terre, comme le suggère le passage suivant:

> Au fond du ravin [...] devant la première cachette vide il comprend que ce n'est là que le point de départ d'une nouvelle quête pour ainsi dire infinie [...] comme si du fond du ravin, suivant le dessein mystérieux du corsaire, était née l'entière vallée, pierre par pierre, créée en un jeu sans limites. (89)

Le retranchement du grand-père dans le fond du ravin rappelle l'enfermement de Jonas dans le ventre de la baleine. Le séjour de Jonas dans le corps du cétacé illustre, selon *Le dictionnaire des symboles*, « la mort initiatique » et l'entrée « dans la période d'obscurité, intermédiaire entre deux états ou deux modalités d'existence » (102). La sortie du ventre de la baleine figure en revanche « la résurrection, la nouvelle naissance » (102). Mircea Eliade écrit aussi que l'engloutissement dans le ventre du monstre « équivaut à une régression dans l'indistinct primordial, dans la Nuit cosmique [...]. Sortir du monstre équivaut à une cosmogonie: c'est le passage du Chaos à la Création » (*Mythes, rêves et mystères* 275). Robinson Crusoé, dans le roman de Michel Tournier, doit sortir de la grotte où il s'est replié s'il veut échapper à la mort et renaître. La baleine est, chez Le Clézio, un animal mythique et sacré, au même titre que les tortues géantes (*Le chercheur d'or*). « Le poisson-diable », ainsi nommé dans *Pawana* (« baleine » en langue amérindienne), est comparé à une déesse qui vient du fond des âges.

Dans *Voyage à Rodrigues* et dans *La quarantaine*, la grotte représente le passage entre l'homme ancien et l'homme nouveau. L'escalade de la montagne pour atteindre le ravin est vécue par Alexis, dans *Le chercheur d'or*, comme une épreuve initiatique. Comme dans *Voyage à Rodrigues*, le ravin est, en premier lieu, une représentation de l'enfer:

> Je suis maintenant au pied de la falaise noire, et je cherche un passage. La paroi est tellement abrupte que je dois prendre la lampe entre mes dents pour escalader [...]. Eclairée par la lampe, la paroi de basalte prend un aspect étrange, infernal. Chaque creux, chaque fissure me fait tressaillir [...]. Je suis étourdi par les rafales de vent froid, par le grondement de la mer toute proche, par l'eau qui ruisselle sur mon visage. (217)

Le contact avec la pierre, chargé d'émotion et de sensualité, suggère, ici aussi, une personnification de l'élément minéral: « tremblant d'émotion, dit Alexis, je m'approche de la pierre, je l'effleure du bout des doigts. Le basalte est chaud de lumière, doux et lisse comme une peau [...] » (214). Or, la métamorphose ou la renaissance du protagoniste se réalise, non dans le ravin, mais au milieu des racines du vieux tamarinier, à l'ombre duquel « on sent une paix profonde » (200). C'est là, couché entre les racines protectrices et maternelles « du véritable maître de cette vallée » (200), situé à l'entrée de l'ouverture de la roche, qu'Alexis peut enfin « rêver à la vie nouvelle » (215).

Le triangle noir, dessiné par le corsaire et qui marque l'emplacement de la cachette, ressemble à un sceau magique, comparable au sceau de Salomon, composé de deux triangles équilatéraux entrecroisés, symboliques notamment des quatre éléments: « Le triangle semble, d'après Alexis, un œil mystérieux qui regarde de l'autre côté du temps, contemplant éternellement l'autre versant de la vallée, sans faiblir, chaque jour et chaque nuit » (218). Comme tout symbole hermétique, le triangle gravé dans la pierre par le corsaire inconnu, permet au héros d'accéder au monde du sacré: « Un frisson parcourt mon corps. Je suis entré dans un secret plus fort, plus durable que moi. Jusqu'où me conduira-t-il, s'interroge Alexis ? » (218).

Bien que le séjour à l'intérieur de la grotte semble jouer, dans *Le chercheur d'or*, un rôle moins significatif que dans les deux autres récits, le rite de passage s'effectue néanmoins par la traversée symbolique de la mer, autre élément matriciel: « Je crois que je ne suis plus le même, que je ne serai plus jamais le même, dit Alexis. Déjà la mer me sépare de Mam et de Laure, de Forest Side, de tout ce que j'ai été » (127). Dans la symbolique universelle, la mer est en effet considérée comme « le lieu des naissances, des transformations et des renaissances » (Chevalier et Gheerbrant 623). Comme la caverne, la mer est un symbole ambivalent. Elle représente à la fois la vie et la mort. La mer et les eaux en mouvement symbolisent « un état transitoire entre les possibles encore informels et les réalités formelles [...] » (623). Elément privilégié dans l'œuvre leclézienne, la mer, ne joue cependant pas, dans *La quarantaine* ainsi que dans *Voyage à Rodrigues*, un rôle symbolique supérieur à celui de la caverne en ce qui concerne la transformation des héros. Pour Léon la caverne est le lieu magique par excellence:

> C'est une caverne magique. C'est Surya qui me l'a dit, la première fois qu'elle m'en a parlé. Une crevasse ouverte dans les basaltes, défendue par une muraille de lantanas et de buissons épineux. Avant d'y pénétrer, Surya dépose des offrandes pour le Seigneur Yama, le maître de l'île, et pour sa sœur, la Yamuna […]. J'entre chez moi dans mon pays rêvé, dans le monde de Suryavati. (*La quarantaine* 217)

La renaissance symbolique du héros s'accomplit dans la caverne, par un mariage initiatique avec Suryavati, changée en divinité. L'union charnelle et mystique de Léon et de Surya, sur laquelle nous reviendrons ultérieurement, symbolise comme l'écrit Bruno Thibault, « le mariage sacré de l'esprit conscient et de l'anima qui divinise l'individu en donnant naissance à la surconscience du Soi » (« La métaphore exotique chez Le Clézio » 857).

Dans ce roman, l'involution est représentée également par la fuite de Léon de l'île Plate et du camp réservé aux Occidentaux, où se trouvent aussi en quarantaine son frère Jacques (grand-père du narrateur) et son épouse Suzanne. Le héros franchit les palissades qui le séparent de l'autre monde, celui de Suryavati (les parias) et des coolies, venus des Indes pour travailler dans les plantations de cannes à sucre de Maurice. En même temps qu'il rejette la société des blancs, à laquelle il appartient, Léon le Disparu aspire au monde primitif et originel représenté par Surya. Sa rencontre avec la jeune Indienne l'incite à devenir un autre. Il se replie dans l'univers de Surya, découvre sa culture et son histoire, rêve d'appartenir à la généalogie d'Ananta et de Giribala (mère adoptive et grand-mère de la jeune fille), apprend avec elle la pêche au harpon et s'initie aux rites funéraires des bûchers. Ayant rompu avec son milieu, Léon meurt en quelque sorte à lui-même, à sa peau d'homme civilisé, et aspire à remonter le temps pour revivre dans le monde sacré des origines. Après son initiation dans la caverne par Suryavati, Léon déclare ainsi: « J'étais quelqu'un d'autre, quelqu'un de nouveau » (277). Le narrateur, qui a fui la France et son travail, s'identifie à Léon le Disparu et exprime sa volonté de disparaître à son tour: « je suis devenu Léon, celui qui disparaît, celui qui tourne le dos au monde [...] » (457).

Le désir d'effacement, thème fréquent chez Le Clézio, est également manifeste dans les deux autres œuvres du cycle mauricien, en particulier dans *Voyage à Rodrigues*. Le grand-père, en quittant Maurice pour partir en quête d'un trésor sur l'île Rodrigues, abandonne sa famille, la société des hommes et leurs guerres. Sa vie à Rodrigues, île volcanique, désertique et hostile perdue au milieu de l'océan Indien, est celle d'un sauvage, voire d'un ermite qui a renoncé à toute ambition sociale et chance d'avenir. En s'isolant dans le ravin de l'Anse aux Anglais, pendant presque trente ans (entre 1902 et 1930), l'aïeul de Le Clézio exprime clairement son désir de disparaître et de s'anéantir dans les entrailles du ravin. Cet homme, qui n'a « trouvé de refuge que dans un rêve » (25) et qui intrigue et fascine le narrateur, est semblable à Léon le Disparu (grand-oncle de l'auteur). Comme ce dernier, il a rêvé d'un « monde où l'on se perd soi-même, où l'on devient autre » (50).

Au moment de s'engager pour aller faire la guerre en France contre les Allemands lors de la Première Guerre Mondiale, Alexis, le héros du *Chercheur d'or*, exprime également son désir de disparaître: « J'ai envie, tout à coup de m'enfuir, de retourner dans ma vallée, là où personne ne pourra me trouver, disparaître sans laisser de traces dans le monde d'Ouma, parmi les roseaux et les dunes » (264).

Y.A. Favre voit dans le mouvement d'implosion et de repli sur soi, caractéristique de la pensée leclézienne, « un rêve de plénitude » et une tentative de substituer « la présence même du monde » aux lacunes et à la dispersion (Tritsmans 73). Pour sa part, Alain Buisine, cité par Isabelle Roussel-Gillet, souligne « l'extrême positivité » de l'effacement, chez Le Clézio, « comme s'il constituait le comble de la présence » (*Etude sur Le Chercheur d'or* 32). Isabelle Gillet fait en outre remarquer que, selon Buisine, « la structure romanesque (de certains romans de Le Clézio) est réglée par la question de la trace et de son effacement » (32). C'est notamment le cas de *Désert*, qui commence avec l'apparition des nomades et s'achève avec leur disparition: « Ils sont apparus, comme dans un rêve, au sommet de la dune [...] (incipit). Ils s'en allaient, comme dans un rêve, ils disparaissaient » (411).

Pour Isabelle Roussel-Gillet, chez Le Clézio, « trace et effacement vont de pair: la trace est le signe de la présence de l'autre [...] et l'effacement est nécessaire pour laisscr la possibilité du mystère et du secret. Il est aussi nécessaire car il offre la possibilité de toujours pouvoir recommencer » (34-35). La trace et la disparition s'intègrent donc dans le mythe de l'éternel retour, étudié par Eliade, que nous développerons dans le prochain chapitre. Mais le passage vers un monde nouveau ne peut se réaliser sans initiation préalable. Les héros doivent ainsi affronter des épreuves qui contribueront à leur métamorphose.

CHAPITRE III
MYTHE ET SACRÉ

1. L'initiation et la renaissance.

Mircea Eliade démontre que l'initiation dans les sociétés primitives comprend généralement un ensemble de « rites », d'« enseignements » et d'« épreuves » qui visent à « une mutation ontologique du régime existentiel » (*La nostalgie des origines* 185). A l'issue de l'initiation, « le néophyte devient un *autre* » (185). Selon Simone Vierne, les rituels initiatiques rappellent pour les peuples primitifs la naissance du monde et des ancêtres: « l'initiation récapitule l'histoire sacrée de la tribu, donc en fin de compte, l'histoire sacrée du monde » (*Rite, roman, initiation* 91). Comme le souligne Bruno Thibault, « les cérémonies qui accompagnent la naissance, le mariage et le décès d'un individu manifestent ce changement (de régime existentiel) sous l'aspect d'une mort et d'une résurrection symboliques » (« La métaphore exotique chez Le Clézio » 856). Il ajoute que l'on retrouve, dans *La quarantaine* en particulier, « les trois étapes rituelles de la naissance, du mariage et de la mort » (« La métaphore exotique chez Le Clézio » 856).

Dans le cadre de cette thèse, nous nous focaliserons plus particulièrement sur l'initiation et la renaissance sur l'île de la Quarantaine, à travers l'union mystique de Léon et de Surya à l'intérieur de « la caverne magique ». Ce mariage sacré, entre les deux protagonistes de *La quarantaine*, me paraît résumer, à lui seul, les trois étapes rituelles définies par Thibault ci-dessus. C'est en effet l'événement nuptial qui sert de fil conducteur aux deux autres étapes: la mort et la résurrection symboliques de Léon représentent l'aboutissement de l'initiation par le rituel du mariage. L'évocation de la célébration des « noces » dans la caverne n'est sans doute pas fortuite dans la mesure où, comme l'indique Mircea Eliade, les cavernes sont non seulement le lieu des « initiations » et des « funérailles », mais aussi celui des « mariages mythologiques » (*Mythes, rêves et mystères* 212).

L'union de Léon et de Surya, au sein de la grotte, rappelle notamment celle de Pélée et de Thétis, de Jason et de Médée, ou encore celle d'Enée et de Didon (Eliade 212). Le récit des amours sacrées du Seigneur Yama (« qui vient de l'autre côté du monde par la bouche du volcan » 217) et de sa sœur, la rivière Yamuna, dans *La quarantaine*, illustre à la fois l'inceste divin et l'union primordiale du Yang (principe masculin et élément feu) et du Yin (principe féminin et élément eau). Les dieux Yama (« le seigneur des morts » 193) et Yamuna, issus du panthéon hindouiste, représentent la fusion mystique de la mort et de la vie.

Léon et Surya, à l'échelle humaine, reproduisent dans la caverne magique les gestes sacrés des dieux ainsi que l'alliance symbolique du Yin et du Yang: « Je sentais son corps frais comme l'eau qui coule, dit Léon, j'étais devenu le feu […] » (274). Le couple formé par les deux protagonistes rappelle le couple originel. Lorsqu'ils s'adressent l'un à l'autre, ils utilisent les termes de frère (*bhaii* en hindi) et de sœur (*bahen*): « Sa voix disait mon nom, *bhaii*, doucement […]. J'ai dit moi aussi, *bahen*, sœur ! » (276). Le même lien de fraternité primordiale unit Alexis à Ouma dans *Le chercheur d'or*: « Ici, devant cette rivière, sous la lumière dure du soleil […] nous sommes seuls sur la terre […] » (222). L'étreinte amoureuse, dans les deux romans, célèbre la fusion des éléments, non seulement de l'eau et du feu, mais aussi de l'air et de la terre. On assiste également à une transmigration de l'âme dans un corps de nature différente, ici, celui d'un oiseau:

> Ensemble nous glissions, en volant, ou plutôt en planant, contre l'aile noire du ciel. Nous étions des oiseaux, tout à fait des oiseaux.

> Lentement, je suis retombé. J'ai senti les pointes dures des obsidiennes. La grotte était chaude, humide. (*La quarantaine* 276)

La comparaison avec l'oiseau évoque aussi le détachement de la terre, la vacuité qui conduit au Nirvana (du sanskrit: « la perte du souffle »), c'est-à-dire à l'extinction de la douleur ou encore à « l'extinction du moi dans le Soi » (Chevalier et Gheerbrant, *Dictionnaire de symboles* 667). Dans le Bouddhisme, le Nirvana correspond à la libération du cycle des réincarnations qui permet d'obtenir « le bonheur de l'Illumination » (Chevalier et Gheerbrant 667). La chute sur la terre est suivie, dans *La quarantaine*, d'un retour de la douleur: « Lentement, je suis retombé. J'ai senti les pointes dures des obsidiennes » (276).

On trouve la même corrélation entre l'union érotique, le sentiment de libération et la symbiose des éléments dans *Le chercheur d'or*:

> Sa chaleur [celle d'Ouma] est en moi, immense, plus forte que tous ces jours brûlants sur la mer et dans la vallée. Comme nous glissons, comme nous nous envolons dans le ciel nocturne, au milieu des étoiles, sans pensées, silencieux et écoutant le bruit de nos souffles unis comme la respiration des dormeurs. Nous restons serrés l'un contre l'autre, pour ne pas sentir le froid des pierres. (234)

A la différence de *La quarantaine*, la rencontre charnelle d'Alexis et d'Ouma n'a pas lieu dans une grotte mais près d'une rivière. En tant que symbole féminin et matriciel, la grotte ou la caverne constitue le lieu par excellence des transformations, du retour en arrière et du passage de la mort à la vie. Comme nous le verrons, l'union des contraires se réalise dans la grotte (*La quarantaine*): vie et mort, esprit et matière, masculin et féminin, Occident et Orient, hommes et divinités.

L'acte sexuel, qui s'accomplit dans la caverne magique, est d'ordre initiatique et cosmique: « J'ai senti le flux de ma semence qui montait, qui jaillissait du monde, des roches noires du volcan, des récifs où cogne la mer » dit Léon (275). Cette phrase, typiquement leclézienne, illustre la fusion du corps avec la matière, chère à l'auteur. Le héros s'engloutit et renaît en Suryavati, qui représente un microcosme de la grotte, elle-même microcosme de l'univers. La grotte, comme nous l'avons déjà évoqué, renvoie à l'image d'une « Mère géante » (Eliade, *Mythes, rêves et mystères* 211): « Les coups de mon [Léon] cœur, la longue vibration qui sortait de la grotte, emplissaient aussi son [Surya] cœur » (274).

« L'union sexuelle et l'orgie » sont par ailleurs des rites que l'on célèbre afin de « réactualiser des événements primordiaux » collectifs (Eliade 229-230). Chez les Mayas, rapporte Le Clézio, le monde naît d'un acte sexuel entre un dieu et une jeune vierge: « De cette union naît la création, issue de l'eau du ciel » (*Le rêve mexicain* 263-64). C'est la conception que l'on retrouve à travers l'acte sexuel décrit dans *La quarantaine*: non plus un acte individualisé, mais un acte mythique, aux dimensions cosmiques, une hiérosexualité. Roger Caillois relie également rites sexuels et sacralité : « Le sentiment du sacré est toujours particulièrement vif et développé à l'égard de tout ce qui touche la sexualité » (*L'homme et le sacré* 182).

Fabrice Leroy souligne d'autre part le rôle primordial de la femme dans la transformation du héros de *La quarantaine*: « Les pouvoirs magiques d'Ananta et de Surya rappellent à quel point la féminité est liée à la transcendance chez Le Clézio » (99). C'est aussi, comme l'évoque Fabrice Leroy, « l'hérédité maternelle » qui est privilégiée dans *La quarantaine*. Léon le Disparu brûle de la même « fièvre » que sa mère métisse, l'Eurasienne, et Surya descend d'une matrilinéarité indienne métissée (Ananta et Giribala). L'initiation par les femmes joue donc un rôle essentiel dans les œuvres de Le Clézio, en particulier dans *La quarantaine* et dans *Le chercheur d'or*. Comme le mentionne Mircea Eliade, la féminité est toujours en relation avec « le mystère de la naissance et de la fertilité » (*Mythes, rêves et mystères* 263).

L'historien des religions souligne le nombre important de sociétés secrètes féminines, surtout en Afrique (263). Il évoque la primauté du symbolisme aquatique, lié à la féminité, et présent dans presque toutes les sociétés secrètes africaines. Eliade se réfère, ici, aux pratiques de la société Lisimbu:

> Une grande partie des cérémonies se passe près d'une rivière ou dans la rivière. Dans la rivière même, on construit une case faite de branchages et de feuilles. Chaque jeune femme est sous la surveillance d'une initiée qui s'appelle « mère » [...]. L'eau symbolise le chaos et la case représente la création cosmique. Pénétrer dans les eaux c'est, réintégrer le stade pré-cosmique, le non-être. On renaît ensuite en passant entre les jambes de la « mère », c'est-à-dire on naît à une nouvelle existence spirituelle. (264-65)

L'expérience du feu figure également parmi les épreuves initiatiques que doivent subir les novices. Mircea Eliade rapporte qu'au Gabon, par exemple, la société secrète féminine, appelée « Nyembe » ou « Ndyembe », célèbre ses cérémonies auprès d'un cours d'eau, au bord duquel un feu brûle continuellement. Pour entretenir le feu, les jeunes femmes doivent aller seules, la nuit ou pendant l'orage, chercher du bois dans la forêt (266). Cette pratique offre des similitudes avec le rituel des bûchers auquel Léon est initié dans *La quarantaine*. La purification par le feu est « complémentaire de la purification par l'eau » (Chevalier et Gheerbrant, *Dictionnaire des symboles* 436). Après son initiation par Suryavati dans la caverne, Léon se baigne dans les eaux baptismales du lagon. Le feu et l'eau font partie des rites initiatiques de mort et de renaissance. C'est ainsi que les Jumeaux du Popol-Vuh, « après leur incinération, renaissent d'une rivière où leurs cendres ont été jetées » (Chevalier et Gheerbrant 436). Dans *La quarantaine*, l'union du dieu Yama (le volcan) avec sa sœur la déesse Yamuna (la rivière) apparaît, en ce sens, doublement symbolique (Yang et Yin / vie et mort). Le corps de Suryavati, imprégné de l'odeur du feu et de la mer, comme en témoignent de nombreux exemples dans le texte, porte également des traces de cendre. Lorsque la jeune Indienne raconte l'histoire du couple divin à Léon, elle « peint son visage avec la cendre des morts » (217). A ce sujet, Bruno Thibault explique que « le dessin à la cendre de Suryavati doit être rapproché de la peinture magique pratiquée sur l'épiderme par les Indiens d'Amérique Centrale [...]. Le Clézio dans *Haï* [...] a montré qu'elle symbolise l'intégration de *l'esprit des ancêtres* » (« La métaphore exotique chez Le Clézio » 857).

La jeune femme, assimilée à « l'Eve primitive » (Thibault 855) et dont le nom, *Surya*, est associé dans la mythologie hindoue au char du soleil (Chevalier et Gheerbrant 892), revêt tous les attributs et les caractéristiques de la « divinité initiatrice » (Thibault 855). Quand Léon le Disparu aperçoit Suryavati pour la première fois, elle est debout sur le récif et semble littéralement « marcher sur l'eau » (*La quarantaine* 100). Il n'a jamais vu, dit-il, « une personne comme elle, elle ressemble à une déesse » (96). Le héros de *La quarantaine* est complètement fasciné par la beauté énigmatique de Suryavati et reste pétrifié devant son image: « Je ne comprends pas pourquoi, je ne peux pas bouger. Comme dans un rêve, je ne peux que regarder, assis sur mon rocher, un peu de côté, pareil à un oiseau curieux » (97).

A l'image des dieux, la silhouette mince de Suryavati est entourée d'un halo qui éblouit et se reflète dans les eaux de l'île: « [...] elle se tient debout contre le soleil. [...]. L'eau du lagon brille derrière elle » (95). La lumière sort également de ses yeux « jaunes comme des iris de chat » (80). La comparaison avec cet animal n'est pas fortuite quand on connaît l'attribution sacrée accordée au chat dans de nombreuses civilisations, notamment dans l'Egypte ancienne. La déesse Bastet, aux traits du Chat divin, était vénérée pour son rôle de bienfaitrice et de protectrice de l'homme (Chevalier et Gheerbrant 215). Perçue comme une divinité orientale, Suryavati, dont le nom signifie « force du soleil » (74), est assimilée au symbole solaire, habituellement principe masculin: « Le regard de Surya était irrésistible, il brillait de la vérité pure, il restituait l'éclat du soleil jusque dans la nuit » (274). Ses yeux sont semblables « au disque du soleil quand il disparaît à l'horizon » (362). Au-dessus de son sein droit figure d'autre part « un disque ou une roue » (273), symbolique des cycles et des recommencements dans les croyances hindouistes et bouddhistes. Dans la caverne magique, Surya dessine aussi des cercles sur le corps de Léon avec sa main, marquant son entrée dans une nouvelle ère.

La jeune Indienne porte également un châle rouge dont la couleur symbolique évoque entre autres « la science et la Connaissance ésotérique » (Chevalier et Gheerbrant 831). Ainsi dans le jeu du Tarot, l'Hermite, la Papesse et l'Impératrice sont vêtus, sous leur manteau bleu, d'une robe rouge. Le rouge est aussi une couleur matricielle: « il n'est licitement visible qu'au cours de la mort initiatique où il prend une valeur sacramentelle » (Chevalier et Gheerbrant 831). En sortant de la grotte, où par des rituels initiatiques elle a transformé Léon, Surya se couvre de son châle rouge. Comme la caverne, le nom de la jeune femme est magique et permet d'exaucer tous les rêves. « J'ai même crié, dit Léon, de toutes mes forces, comme les enfants l'autre jour: Suryavaaati! C'était un nom magique qui pouvait tout arrêter, qui pouvait faire durer éternellement l'instant […] » (99). Ce nom, que le protagoniste a inventé, rend hommage à « la reine du Cachemire, à qui fut racontée l'histoire de Urvashi et

Pururavas, dans le livre de Somadeva [...] » (75). Urvashi est une nymphe de la mythologie hindoue et l'épouse de Pururavas, ancien chef de la race lunaire. Leur histoire constitue l'une des plus anciennes légendes de l'Inde, immortalisée par la littérature, en particulier par l'œuvre de l'écrivain Somadeva au XIe siècle. L'origine du nom *Suryavati* vient, selon les sources de Jacques La Mothe, de l'île, de la Syrie primitive dont parle Homère:

> La racine est la même que celle du nom sanskrit du soleil, Suryâ, qui est l'île centrale ou polaire du monde à laquelle est associé le phénix, cet oiseau mythique d'une extraordinaire longévité, et qui a le pouvoir de renaître de ses cendres. (« Une lecture de *La quarantaine* » 507)

La seule présence de Suryavati a déjà le pouvoir de faire basculer Léon dans un état psychosomatique, proche de la perte de conscience. Comme à chaque fois qu'ils sont émus, ou face à la manifestation du sacré, les héros lecléziens éprouvent une sensation de vertige et d'étourdissement, symptômes physiques en réaction à l'hiérophanie dont ils font l'expérience. Une fièvre mystérieuse s'empare d'eux: « Je sentais le sang battre dans mes artères, le vent et la lumière m'étourdissaient » confie Léon (79). Dans la grotte, aux côtés de Surya, Léon est à nouveau pris de vertige: « Je n'arrivais plus à respirer. Je croyais que j'étais malade [...]. J'étais ivre, mes yeux ardaient. La nuit était sans commencement ni fin » (271-273). Les phénomènes de vertige et de syncope sont constants dans les récits lecléziens. Après avoir rappelé l'étymologie du mot « syncope », qui vient du grec *sugkopé* (briser), Isabelle Roussel-Gillet attire l'attention sur cette étrange « éclipse cérébrale »:

> Il est curieux de constater, écrit-elle, qu'aucun héros leclézien n'est indemne de ces affections. La syncope fait vivre une expérience métaphysique révélant le paradoxe du mode d'être à la fois dans et

> hors du temps. Tomber en syncope c'est annuler le temps. Ainsi s'expliquent les récurrences de vertiges chez Alexis. (*Etude sur Le chercheur d'or* 45-46)

Comme Léon, Alexis le chercheur d'or, est sujet à des vertiges répétés dus à l'intensité de ses expériences: éblouissement devant la beauté de la femme aimée et de la nature (de la mer en particulier), saisissement devant la furie des éléments: « [...] à l'époque des grands cyclones, je m'en souviens comme d'une chute dans un vide vertical [...] » (204). La fuite vers l'ailleurs entraîne aussi ce genre de symptômes. Le vertige exprime une abolition du temps et fonctionne « comme un accès direct au secret, à l'inspiration [...] et prépare à une sorte d'épiphanie, du grec *epiphaneia*: apparition » (Gillet 47-48).

> Je reste étendu sur le sable noir, dit Alexis [...]. Je sens sur mon visage la lumière douce des astres, je sens le mouvement de la terre [...]. Je vois tous les chemins [...]. Je vois les pistes secrètes. Je pense au corsaire inconnu [...]. C'est ici qu'il a connu la paix et le repos [...]. J'ai franchi le temps dans un vertige, en regardant le ciel étoilé. Le corsaire est ici même, il respire en moi [...]. (*Le chercheur d'or* 334)

Devant le ravin où son grand-père a vécu, le narrateur de *Voyage à Rodrigues* est, lui aussi, en proie au frémissement: « [...] chaque fois que je m'en approche, je ressens une émotion [...]. Je ressens bien la présence de mon grand-père, comme s'il était assis là, près de moi » (83-90).

Enfin si Suryavati peut annuler le temps profane, elle possède aussi des dons de guérison: elle soigne les blessures (piqûres d'oursin) et les tremblements: « Elle m'a donné à boire une calebasse pleine d'eau de coco âpre et douce. J'ai bu longuement et cela a calmé mes tremblements » (272). Mystérieuse, puissante et impérieuse, Surya détient les clés de la connaissance des démiurges. Elle connaît les secrets des dieux et de la nature, elle maîtrise l'art de la pêche, ses gestes sont sûrs et précis: « J'ai vu, dit Léon, sa récolte d'oursins, et à l'extrémité du harpon, comme des haillons, les ourites qu'elle avait clouées » (78). C'est elle qui conduit Léon sur les chemins de l'initiation, par une série d'épreuves, qui constituent des rites de passage. Elle lui enseigne la pêche au harpon et les rituels funéraires (cérémonies des bûchers) afin de lui ôter sa peur de la mort.

Grâce à la magie de Surya, Léon peut entrevoir l'autre côté du monde. Dans la grotte, Léon est conscient qu'une force supérieure guide les gestes de Suryavati qui s'apprête à célébrer la cérémonie du « mariage ». Le héros remarque tout d'abord que « la raie sur son front était peinte en rouge » (272), couleur du mariage en Inde et en Extrême-Orient. Puis Surya dessine sur le front de son amant des marques de cendre et fait brûler des encens « à côté de l'autel » (272), renforçant ainsi le caractère magico-religieux des « noces ». Elle l'invite ensuite à boire une décoction, à base d'eau de coco, afin de calmer sa peur et de le préparer à l'épreuve de la mort initiatique.

Telle une divinité, Suryavati apparaît à Léon dans toute sa grandeur fascinante et intimidante. Par son aspect, ses gestes et son autorité, elle lui inspire à la fois peur et sentiments contradictoires: « [...] j'avais peur d'elle, j'éprouvais comme de la haine » (272). Léon ne reconnaît plus Surya, dont le visage est transfiguré: « A la lumière de la lampe son visage était un masque d'or, ses yeux deux puits d'ombre » (272). Elle le force à la soumission due à son rang et lui intime l'ordre de la regarder pour lui révéler son vrai visage: « Regarde-moi », dit-elle à deux reprises (272). Elle ajoute aussi: « [...] c'est la première fois que tu me vois » (272).

Suryavati, en véritable déesse, imite également plusieurs fois les gestes des dieux: « Je me souviens des mains de Surya [...] et le geste du dieu qu'elle arrêtait devant moi, sa main droite fermée, pouce dressé, assis sur la paume de sa main gauche » (274). En prélude au mystère qui va suivre, Surya trace sur le sol de la caverne, avec la poudre des cendres, « les deux étoiles à six branches » (274) qui représentent, chez les Hindous, « le macrocosme, ou l'homme universel » (Chevalier et Gheerbrant 889). En Occident, ce symbole est associé au Sceau magique du roi Salomon, « exprimant la conjonction de deux opposés » (889).

Au moment de la relation amoureuse, Surya, changée en divinité, prend les initiatives et préside la cérémonie nuptiale: « dans un geste de lutteur » (271), elle oblige son amant à s'allonger et lui ordonne deux fois de se taire: « J'ai voulu lui parler, peut-être lui dire que je l'aimais, avec ces trémolos des jeunes gens de mon âge infatués de poésie, mais elle m'a fait signe de me taire » (272). Après la fusion des corps et des esprits, lorsque Léon appelle Surya qui est sortie de la grotte, celle-ci revient « le faire taire » (276-77). Lors de l'accouplement, c'est elle qui soutient la nuque de Léon: « Ses mains tenaient ma nuque, ne la lâchaient pas, son corps se hissait lentement hors de la mer, elle respirait à grands traits » (276). Malgré sa frêle silhouette, Surya détient une force virile: « Surya me serrait entre ses cuisses d'une étreinte puissante », dit Léon (274).

A travers ses pouvoirs et son attitude altière, Surya possède assurément toutes les caractéristiques de la divinité, y compris celui de l'androgynie. Surya exprime en effet la bipolarité femme/homme. Son apparence est féminine, tandis que ses performances physiques sont mâles: la beauté et la grâce de Suryavati évoquent la féminité, mais sa force et sa détermination soulignent son pôle masculin. Le rêve de l'androgyne, commun à tous les hommes, et en particulier aux philosophes (Platon entre autres) et aux psychanalystes (Freud etc.), trouve son origine dans l'aspiration à la totalité de l'être, qui constitue l'apanage des dieux. A cet égard, Chevalier et Gheerbrant écrivent:

> L'Androgynie, signe de totalité, apparaît donc à la fin comme au début des temps. Dans la vision eschatologique du salut, l'être réintègre une plénitude où la séparation des sexes s'abroge, c'est ce qu'évoque « le mystère du mariage », dans maint texte traditionnel, rejoignant ainsi l'image de Civa et de sa Shakti. (*Dictionnaire des symboles* 40)

Par leur union mystique, Léon et Surya, célèbrent l'union du masculin et du féminin et abolissent les contraires. « *Un* produit *deux*, dit encore le Tao, et c'est ainsi que l'Adam primordial, non point mâle mais androgyne, devient Adam et Eve » (Chevalier et Gheerbrant 39). *Les Nouveaux Testaments* glorifient aussi cette unité et considèrent l'androgynie comme « la perfection spirituelle » (40). Chevalier et Gheerbrant rappellent l'importance de l'androgynie dans la tradition hindouiste: « Les symboles hindous se réfèrent non seulement à l'androgyne primordial, mais aussi au retour à cette indistinction, à cette unité. Une telle réintégration est le but du yoga » (40). Mircea Eliade mentionne que dans les religions archaïques « les Etres suprêmes » étaient androgynes, à la fois mâle et femelle, Ciel et Terre (*Mythes, rêves et mystères* 215). L'historien des religions ajoute qu'« un Dieu mâle par excellence peut être androgyne aussi bien qu'une Déesse-Mère [...] ceci n'exclut nullement leur masculinité ou leur féminité » (216-17).

Le chercheur d'or propose une représentation similaire de la femme sacrée. Ouma, dont le nom vient de *Oum*, « totalité » ou « mère » en arabe, ressemble à une divinité: « Son corps étincelle au soleil comme du basalte » (230), « Son corps brille dans la lumière comme du métal noir » (240), « Sur sa peau sombre le sable brille comme de la poudre d'or « (241), « Dans la lumière du jour qui commence, près de l'eau elle est encore plus belle [...]. Telle une statue antique […]. J'ai le sentiment de rompre un enchantement » (219). La jeune manaf, ancienne esclave marron, mi-africaine, mi-indienne, représente comme Surya « l'anima du héros » (Thibault, « La métaphore exotique chez Le Clézio » 850). Dans le récit du *Chercheur d'or*, « l'Eve naturelle » (Thibault 850) se transforme progressivement en initiatrice et en déesse. Alexis est possédé par Ouma, qui lui sauve la vie, l'initie à la pêche et aux secrets de la nature.

Enfin, dans les deux romans, les héros occidentaux sont initiés par des femmes indigènes aux pouvoirs magiques. Léon et Alexis subissent des épreuves suivies d'une mort rituelle. A cet égard, Mircea Eliade rapporte que dans les croyances archaïques la Déesse-Mère est aussi assimilée à la Déesse de la Mort, dans la mesure où la mort est un retour à la Mère (*Mythes, rêves et mystères* 232). Bien que la mort soit considérée comme la plus terrible des épreuves initiatiques, elle est d'après Eliade, positive et nécessaire car « elle constitue la seule voie pour abolir la durée temporelle- en d'autres termes, l'existence historique- et réintégrer la situation primordiale » (274).

Dans *La quarantaine* et *Le chercheur d'or*, la mort initiatique est encore représentée par le sacrifice des deux héros qui renoncent à leur statut social et à leur identité d'hommes blancs:

> En choisissant de s'unir à Suryavati et de vivre parmi les parias, écrit Bruno Thibault, le jeune homme doit rompre avec l'élite créole de Maurice et avec sa position dans la société coloniale. La sexualité correspond par conséquent à un rituel sacrificiel dans *La quarantaine*. La sexualité implique mort et renaissance, abolition du moi superficiel (la persona) et intégration du moi spirituel (le Soi). » (« La métaphore exotique chez Le Clézio » 857)

La mort est omniprésente dans *La quarantaine* comme le souligne Bruno Thibault: elle frappe les victimes de la variole et les immigrants indiens abandonnés sur l'île Plate en 1856 par les autorités de Maurice (856). La description des cimetières érodés par les éléments, des incinérations sur les bûchers et des cérémonies funéraires occupe une place importante dans le texte. La mort, thème évoqué dans plusieurs œuvres de Le Clézio, est présentée, dans *L'Extase matérielle* notamment, comme « le centre de la vie » (194-95), « le centre de tout » (206). La mort représente chez Le Clézio un retour aux sources, une fusion avec la matière, une plongée en somme dans le cosmos: « Lorsque mon être se dissoudra, lorsque mon unité précaire explosera, je commencerai enfin à pénétrer la nature impénétrable » (192). Dans *La quarantaine*, la mort initiatique constitue un rite de passage fondamental vers l'autre monde, celui du sacré, de la connaissance et de la réalisation de soi. Une telle conception recoupe en tous points les principes énoncés par Mircea Eliade:

> La mort initiatique signifie à la fois la fin de l'homme « naturel », aculturel, et le passage à une nouvelle modalité d'existence: celle d'un être « né à l'esprit », c'est-à-dire qui ne vit pas uniquement dans une réalité « immédiate ». La mort et la résurrection initiatiques font donc partie intégrante du processus mystique par lequel on devient *un autre*, façonné d'après le modèle révélé par les dieux ou les ancêtres mythiques. (*La nostalgie des origines* 189)

La renaissance, qui suit la mort initiatique, s'accomplit, dans *La quarantaine*, par un baptême symbolique dans les eaux du lagon, aux côtés de Suryavati:

> Je suis entré à mon tour dans l'eau très douce et tiède, je cherchais Surya, dit Léon [...]. Il n'y a plus de peur en moi. J'étais quelqu'un d'autre, quelqu'un de nouveau [...]. Nous étions redevenus des enfants. Nés à nouveau, dans l'eau courante du lagon, sans passé et sans avenir. (277-78)

A la fin du *Chercheur d'or*, Alexis est, lui aussi, transformé:

> Il me semble que ma quête n'a plus le même sens. Autrefois je ne savais pas ce que je cherchais, *qui* je cherchais. J'étais pris dans un leurre. Aujourd'hui, je suis libéré d'un poids, je veux vivre libre, respirer. A nouveau, comme avec Ouma, je veux marcher, nager, plonger dans l'eau du lagon pour pêcher les oursins. (336)

La métamorphose du héros implique une révélation, c'est-à-dire une découverte de soi, de même que la création d'un centre sacré. Elle suppose aussi une rupture avec le passé, le milieu familial traditionnel et l'ordre ancien (l'histoire sociale et coloniale): « Mon regard est neuf, dit Léon. Je ne reviendrai jamais celui que j'étais, celui qui montait la coupée de l'*Ava* dans l'idée vaine de retrouver son île, ses ancêtres » (393). La naissance de l'être nouveau est rendue possible par l'abolition du temps et de l'espace profanes au profit du « Grand Temps », celui des origines. Faisant table rase de tous les marqueurs de l'identité familiale, sociale et politique, ce processus d'effacement et de renaissance dépouille le héros des attributs de la modernité et l'amène à concevoir le monde à la manière des cultures indigènes qui l'accueillent. Un tel renversement épistémologique de la domination coloniale méritera un examen séparé dans notre dernier chapitre.

2. Temps et espaces sacrés.

Pour Mircea Eliade, habiter un espace équivaut à un choix d'ordre religieux, dans la mesure où l'on réitère « la cosmogonie » (*Le sacré et le profane* 62). L'individu qui s'installe dans un lieu imite en quelque sorte « l'œuvre des dieux » (Eliade 62) puisqu'il crée un nouveau monde. Mais à la différence de l'homme profane, l'homme religieux « sanctifie son petit Univers en le rendant semblable au monde des dieux » (Eliade 62) et exprime ainsi « le désir de vivre dans un Cosmos pur et saint, tel qu'il était au commencement, lorsqu'il sortait des mains du Créateur » (62). Or, pour retrouver le monde des origines, l'homme religieux doit faire, selon Eliade, l'expérience du Temps sacré (62). On ne peut en effet séparer les concepts de temps et d'espace, car sortir du temps, c'est aussi entrer dans un autre univers. Annihiler le temps linéaire ou historique, c'est-à-dire le temps humain ou profane, c'est pénétrer une nouvelle dimension, un nouvel ordre cosmique, en rapport avec le temps sacré ou divin. Des philosophes tels que Saint Augustin et Descartes distinguent par conséquent le temps fini ou humain et le temps infini ou divin. On retrouve chez Eliade une conception analogue, du moins en ce qui concerne la notion d'éternité attribuée au temps divin. Saint Augustin développe une perception judéo-chrétienne du temps, alors qu'Eliade aborde le concept de temporalité dans une dimension mythique et cyclique.

Le concept du temps demeure toutefois un problème métaphysique complexe sur lequel de nombreux philosophes, occidentaux en particulier, se sont penchés, de Platon et Aristote à Bergson et Heidegger, en passant par Kant, Nietzsche - et Proust dans le domaine littéraire. Dans le cadre thématique de cette thèse, nous n'avons pas l'intention de donner un aperçu de toutes ces approches. Une prochaine partie concernant l'éternel retour et le temps cyclique chez Eliade et Le Clézio touchera à la pensée de Nietzsche mais nous développerons plutôt les théories de Mircea Eliade relatives au « temps profane » et au « temps sacré », plus proches à notre sens de la vision leclézienne.

Eliade distingue deux conceptions temporelles: d'une part le temps profane, qui correspond à « une durée temporelle ordinaire dans laquelle s'inscrivent les actes dénués de signification religieuse » (*Le sacré et le profane* 63). D'autre part, le temps sacré qui est « *par sa nature même réversible*, dans le sens qu'il est, à proprement parler, un *Temps mythique primordial rendu présent* » (63). Eliade indique qu'entre ces deux qualités de temps, il existe une possibilité de continuité par le moyen des fêtes et des rites qui permettent à l'homme religieux de passer du temps profane ou ordinaire au Temps sacré (63). Le Temps sacré est « circulaire » et « réversible » (64). Il constitue un éternel présent mythique que l'homme religieux peut réintégrer périodiquement par l'intermédiaire des rites (64).

L'homme non religieux connaît aussi, d'après Mircea Eliade, « une certaine discontinuité et hétérogénéité du Temps » (65). Ainsi distingue-t-on un temps laborieux et un « temps festif » (65) qui suivent des rythmes variés. Mais la différence essentielle entre les deux types d'hommes, c'est que pour l'homme religieux, « les intervalles sacrés ne participent pas à la durée temporelle qui les précède et les suit » car il s'agit d'un « Temps primordial » et « sanctifié » (65). Pour l'homme non religieux, poursuit Eliade, « le temps ne présente ni rupture ni *mystère*: il constitue la plus profonde dimension existentielle de l'homme [...] il a un commencement et une fin, qui est la mort, l'anéantissement de l'existence » (65).

Comme il existe un temps sacré, il existe un espace sacré non homogène. L'espace non consacré ou profane présente une structure « amorphe » ou « sans consistance » (25). Eliade explique que « tout espace sacré implique une hiérophanie, une irruption du sacré qui a pour effet de détacher un territoire du milieu cosmique environnant et de le rendre qualitativement différent » (29). Eliade ajoute qu'à « l'intérieur de l'enceinte sacrée, le monde profane est transcendé » (29). L'espace sacré est encore « le seul qui soit réel » (25), dans la mesure où il se distingue de « l'étendue informe qui l'entoure » (25). Eliade démontre que la révélation de l'espace sacré est liée à la notion de centre. En effet, l'homme religieux a besoin d'une « orientation préalable » (26) car « rien ne peut commencer [...] sans l'acquisition d'un point fixe » (26). Ce point fixe correspond « au Centre du Monde » (26). Enfin « *Pour vivre dans le Monde*, il faut *le fonder*, et aucun monde ne peut naître dans le « chaos » de l'homogénéité et de la relativité de l'espace profane [...]. Le « Centre » équivaut à la Création du Monde, » conclut Eliade (26).

Après avoir défini les concepts de temps et d'espace sacrés, selon la conception de Mircea Eliade, qui nous semble étroitement correspondre à celle de Le Clézio, nous allons examiner la façon dont ces deux notions indissociables se présentent dans le corpus mauricien. Il importe de constater en premier lieu que l'île, de par sa situation géographique, se trouve au centre d'un espace informe. Elle constitue en effet une parcelle de terre émergée au milieu de l'immensité de l'océan. En ce sens, elle représente déjà un centre distinctif. La forme des îles volcaniques de l'océan Indien évoque en outre souvent la géométrie du cercle. Or, l'esprit humain se complait le plus souvent à imaginer le centre d'un espace sous une forme circulaire.

Sur un plan géologique, l'île correspond d'autre part à la création d'un monde. Celle-ci naît de la fusion du feu et de l'eau. Elle se compose généralement de magma puisqu'elle résulte souvent d'une éruption volcanique. Son apparition et sa disparition peuvent être soudaines, ce qui la rend encore plus mystérieuse. La naissance de l'île rappelle, à échelle réduite, le Big Bang originel: « Comme si l'île toute entière était mémoire, surgie au milieu de l'Océan, portant en elle l'étincelle enfouie de la naissance » (*La quarantaine* 255). Il est significatif, à cet égard, que certains passages de *Voyage à Rodrigues* imaginent l'explosion primordiale à travers l'évocation de la naissance de l'île: « L'érosion extrême de la mer a modelé ces roches jaillies des profondeurs, les a usées, polies, vieillies, et pourtant reste sur chacune d'elles la marque du feu qui les a créées » (33). La création de l'île est ainsi liée à l'histoire du monde: « Ile issue de la mer, portant sur elle l'histoire des premières ères [...] » (23). « Je regarde l'île Plate, dit Léon, il me semble qu'elle a la forme du passé comme si j'étais entré dans une autre vie, perché sur un observatoire en dehors du temps [...] » (*La quarantaine* 291).

La nature minérale de l'île évoque aussi la beauté et la pureté primordiales: « Le paysage est d'une pureté extraordinaire, minéral, métallique » (*Voyage à Rodrigues* 9), « Ce silence, cette dureté minérale, cette beauté de l'aube de la création [...] » (23). La géologie insolite de l'île, sculptée par les vagues et par les vents, renvoie en outre aux origines de l'univers: « J'aime ces pierres de feu, usées par tant de siècles de vent, de pluie et de lumière. Il me semble qu'elles portent le poids du temps sur elles [...] » (19). L'île déserte, sauvage et volcanique fascine les héros lecléziens. L'île volcanique constitue pour Le Clézio, selon Bruno Thibault, « un milieu primitif et authentique: c'est un sol intact, jailli du fond des eaux matricielles » (« La métaphore exotique chez Le Clézio » 845).

Lorsqu'ils foulent le sol aride de Rodrigues ou de l'îlot Gabriel, les protagonistes ont vraiment le sentiment d'être hors du monde, dans un hors-temps, qui n'appartient pas à celui des hommes:

> Il y a un hors du temps, ici, à Rodrigues, qui effraie et tente à la fois [...] (14). Cela ressemble à la lune. Il y a dans cet assemblage de la pierre noire, de la mer et du vent, quelque chose de l'éternité de l'espace [...] (15). Il me semble, tandis que je marche ici, au fond de cette vallée, entre les collines noires, que je suis parvenu dans un autre monde, qui n'appartient pas aux hommes modernes ni même aux pirates: le monde d'avant les hommes. Il y a ici le silence, le vent, la lumière, et je sens encore sous mes pieds le feu profond de la terre. (*Voyage à Rodrigues* 43)

Alexis, dans *Le chercheur d'or*, éprouve sur l'île Rodrigues la même impression de sacré et d'atemporalité: « Il me semble être hors du temps, dans un autre monde, si différent, si loin de tout [...] » (182). Les îles Rodrigues et celles de la Quarantaine (Plate et Gabriel), dominées par les forces élémentaires, ne sont pas destinées aux hommes et à leurs communautés. Elles renvoient d'ailleurs à une époque antérieure à celle des hommes: « C'est l'appel d'un autre monde, d'un monde vide d'hommes, où règnent les rochers, le ciel et la mer » (*Voyage à Rodrigues* 25). Arides, hostiles et antéhistoriques, elles ne peuvent d'autre part attirer les hommes ordinaires:

> Rodrigues est ce rocher désert, usé, brûlé, qui expulse les hommes. La pauvreté, la faim, la soif font la vie difficile [...] (34).Terre brûlée : noire, dure, qui refuse l'homme. Terre indifférente à la vie, rocs, montagnes, sables, poussière de lave. Chaos basaltique [...], cônes arides, lunaires. (*Voyage à Rodrigues* 41-42)

Dans les trois œuvres étudiées, les îles constituent plutôt des refuges pour les tortues et les oiseaux: « Je suis à l'extrémité de la terre, là où commence le monde des oiseaux » (*La quarantaine* 142). Dans *Ourania*, l'île de la Demi-Lune (au large du Bélize), qui ressemble à « un caillou aride, sans eau et sans ombre » (253), est également « un monde violent, non pas pour les hommes » mais pour « les oiseaux » (256). Ce monde insulaire, « d'avant les hommes » (*Voyage à Rodrigues* 43), apparaît comme un sanctuaire, un centre sacré façonné par les dieux:

> Les roches de lave semblent des ossements noirs, brûlés, qui glissent sur eux-mêmes, ou remontent à la surface sous la poussée de la terre, jouets dans la main d'un dieu inconnu [...]. Comment ne pas voir dans ce paysage désertique, façonné par le vent et par la pluie, imprégné de soleil, l'expression d'une volonté? (*Voyage à Rodrigues* 42-43)

Tous ces exemples, empruntés pour la plupart à *Voyage à Rodrigues*, illustrent tout particulièrement la thèse de Mircea Eliade consacrée à l'espace et au temps sacrés. On y retrouve en effet le concept de monde éternel, en dehors du temps profane, ainsi que la notion de non-homogénéité de l'espace, à travers la description de terres vierges et étranges conçues par quelques dieux mystérieux. Les îles décrites dans les récits mauriciens apparaissent comme des « lieux exceptionnels » (*Voyage à Rodrigues* 35) d'où émerge la conscience, dans la manifestation du divin. La découverte de l'île Rodrigues est comparable à la découverte d'un centre sacré: « Maintenant je [Alexis] sais où je suis. J'ai trouvé le lieu que je cherchais » (193); « Je suis heureux d'être ici, dans cet endroit dont j'ai rêvé si longtemps sans même savoir s'il existait » (197). Au sein de ces espaces consacrés, les héros éprouvent véritablement le sentiment d'un retour au monde des origines, pur et éternel: « Il y a ici une impression de lenteur, d'éloignement, d'étrangeté au monde des hommes ordinaires, qu'on doit trouver aussi à Saint-Brandon ou à Aldabra, et qui fait penser à l'éternité, à l'infini » (*Voyage à Rodrigues* 34).

Les personnages découvrent une nouvelle conception du temps, en accord avec le rythme de la nature: « Maintenant j'ai une autre mesure du temps, qui est le va-et-vient des marées, le passage des oiseaux, les changements dans le ciel et dans la lagune, les battements de mon cœur » (*La quarantaine* 125). Les îles volcaniques et primitives de Rodrigues et de la Quarantaine favorisent la création de centres sacrés. Elles invitent à rêver aux commencements, à voyager de « l'autre côté » du monde. « La géologie est la métaphore de la psychologie dans les romans de Le Clézio, écrit Bruno Thibault. Sur (l') île où règnent les forces élémentaires de la création, le héros leclézien poursuit une quête: il cherche le lieu où renaître et se recentrer » (« La métaphore exotique chez Le Clézio » 845). Dans *La quarantaine*, l'îlot Gabriel constitue pour Léon le lieu d'élection par excellence: « Je suis ici chez moi, à l'endroit dont j'ai toujours rêvé, l'endroit où je devais venir depuis toujours » (141-42). De même dans *Le chercheur d'or*, l'île Rodrigues représente l'aboutissement de la quête d'Alexis: « Maintenant je sais où je suis. J'ai trouvé le lieu que je cherchais. Après ces mois d'errance, je ressens une paix, une ardeur nouvelles » (193).

L'île, en tant que centre sacré, évoque la figure symbolique du mandala ou « cercle magique » (en sanskrit). Sa forme circulaire, ses différentes couleurs et couches rappellent, comme déjà mentionné, l'image du mandala. On retrouve également, comme dans le mandala, une représentation de l'espace en trois dimensions: « La lumière intense du soleil tropical [...] pénètre le paysage et fait éclater ses couleurs, brun, ocre, rouge, mauve, vert. Et la mer, au loin, dans l'échancrure de l'anse, d'un bleu intense et profond, et l'écume blanche de la barrière de corail » (*Voyage à Rodrigues* 24).

Le mandala représente un cercle (centre) à l'intérieur d'un carré (le monde). Le mandala traditionnel hindou indique « l'espace sacré central » ou « la Présence divine au centre du monde » (Chevalier et Gheerbrant 607). Le mandala tantrique comporte le même symbolisme. Il est peint ou dessiné généralement sur le sol, et sert de support à la méditation tout en préfigurant les rites d'initiation. Le mandala tantrique se présente essentiellement sous la forme d'un « carré orienté à quatre portes contenant cercles et lotus, peuplé d'images et de symboles divins. Les portes des ceintures extérieures sont pourvues de gardiens: leur franchissement successif correspond donc à autant d'étapes dans la progression spirituelle, de degrés initiatiques, jusqu'à ce que soit atteint le centre, l'état indifférencié du Bouddha-Chakravarti » (607). Carl Jung se réfère à l'image du mandala pour désigner « une représentation symbolique de la psyché, dont l'essence nous est inconnue » (608). La contemplation du mandala consolide, d'après le psychanalyste, « l'être intérieur » et favorise « la méditation en profondeur » (608). D'autre part, le mandala, que les Tibétains jettent dans la rivière aussitôt après l'avoir achevé, symbolise l'éphémère, la création sans cesse recommencée.

L'île s'imprègne dans les récits lecléziens d'un haut degré de signification symbolique. Elle est étroitement liée à cette image sacrée du mandala. Elle constitue d'une part le centre et l'origine du monde. Sa géologie volcanique et primitive évoque à la fois le commencement et la fin des temps. L'île de la Quarantaine offre des paysages apocalyptiques: « Je suis arrivé sur la lèvre du volcan, dit Léon, assoiffé, brûlé par les derniers rayons. La mer paraissait une lave immense, incandescente, le vent violent m'obligeait à me retenir aux pierres » (*La quarantaine* 66). L'île Rodrigues est comparée à un monde perdu: elle ressemble à « un radeau perdu au milieu de l'océan » (*Voyage à Rodrigues* 33). Portant les traces de la genèse de l'univers, l'île se donne aussi comme un lieu d'initiation, de renaissance et de révélation pour les protagonistes lecléziens:

> Il me semble que j'ai vécu toute ma vie sur Plate, dit Léon, c'est ma terre natale, c'est là que j'ai tout appris, il n'y avait rien auparavant, il n'y aura rien après [...] (292). Je comprends enfin que c'est ici que j'appartiens, à ces rochers noirs émergés de l'océan, à cette Quarantaine, comme au lieu de ma naissance. Je n'ai rien laissé ici, rien pris. Et pourtant je me sens différent. (*La quarantaine* 440-41)

Dans *La quarantaine* et dans les deux autres œuvres mauriciennes (*Le chercheur d'or* et *Voyage à Rodrigues*), l'île constitue un centre sacré: elle permet la rencontre avec « l'anima » ou l'archétype médiateur de l'inconscient chez Jung. Elle régénère et reconstruit « l'être intérieur ». Balayée et lavée régulièrement par les tempêtes et les cyclones, elle incarne la fragilité et l'inconstance de l'existence terrestre, et représente dans le même temps la création sans cesse renouvelée.

Comme l'île, le désert est un espace minéral et primordial privilégié dans l'œuvre de Le Clézio. Plusieurs récits mythiques lui sont consacrés, parmi lesquels *Désert* (1980) et *Gens des nuages* (2002). Espace mystique et extrême, le désert est propice aux révélations et aux transformations. C'est un lieu d'ascèse et de privation, « c'est l'espace de la négation, de l'exil. En même temps, il est doté dans la culture occidentale, d'une signification essentielle: c'est là que Dieu *se dit* pour la première fois aux hommes » (Tritsmans 66). Les écrits bibliques rapportent ainsi que de nombreux miracles et rencontres avec le divin, ou avec les démons, se sont déroulés dans le désert: Moïse et le peuple d'Israël y reçurent la manne céleste, Jean- Baptiste y prêcha, annonçant la venue du Messie, le Christ y triompha du Tentateur.

Dans le roman qui porte son nom, le désert de même que l'île, est considéré comme le berceau du monde: « Il n'y avait rien d'autre sur la terre, rien ni personne » (*Désert* 8). Du Sahara, sur lequel règne l'Harmattan (vent chaud et sec du désert), naissent les hommes et le cosmos « comme dans un rêve » (incipit). L'immensité désertique, symbolique de « l'indifférenciation principielle » ou de « l'étendue superficielle stérile, sous laquelle doit être cherchée la Réalité » (Chevalier et Gheerbrant 349), recèle donc l'essence de la vie infinie, qui naît, comme nous le verrons, de la symbiose des puissances célestes et terrestres.

Symbole de la manifestation de la grâce, le désert est assurément le lieu privilégié de la quête et de l'initiation. L'eau et la prière représentent les préoccupations essentielles des nomades. L'invocation à Dieu conduit à une abolition du temps et à l'oubli des souffrances: « Il n'y avait plus de temps, à présent, plus de malheur. Les hommes et les femmes frappaient le sol de la pointe du pied et du talon, en répétant le cri invincible: Houwa ! Lui [...] » (*Désert* 63-64). La traversée du désert, cet « autre océan », implique des épreuves d'ordre physique et psychique: lutte contre la chaleur, le froid, la fatigue, la faim, la soif; lutte contre la solitude et l'absence:

> Ils [les nomades] avaient des visages gris, émaciés, aux yeux qui brillaient de fièvre. Leurs lèvres saignaient, leurs mains et leur poitrine étaient marquées de plaies où le sang caillé s'était mêlé à l'or de la poussière [...]. Aucun d'eux ne parlait, ne chantait. Personne ne pleurait ni ne gémissait. Tous, hommes, femmes, enfants aux pieds ensanglantés, ils avançaient sans faire de bruit, comme des vaincus, sans prononcer une parole. (212-213)

Décharnés par la dureté de leur existence et par les privations, les Touaregs sont « semblables à des mirages » (22). La longue marche des nomades sur la route, qui « n'avait pas de fin, car elle était plus longue que la vie humaine » (22), est un voyage initiatique jusqu'au bout de soi, à la recherche de l'eau salvatrice. L'eau, présente le plus souvent sous forme de « sueur » (19), symbolise dans le désert la quête primordiale. Chercher l'eau, c'est en quelque sorte partir à la conquête du Graal. L'eau claire des puits, comme les îlots de verdure que constituent les oasis, sont symboliques de la trêve: « Le sommeil est comme l'eau. Personne ne pouvait dormir loin des sources » (19). Dans la *Bible*, les puits et les sources dans le désert, s'offrent aux nomades comme « des lieux de joie et d'émerveillement » (Chevalier et Gheerbrant 376). Lieux sacrés par excellence, les points d'eau permettent « les rencontres essentielles » (376). L'eau que l'on atteint, après des épreuves et des sacrifices, représente l'aboutissement de la quête et devient « le symbole de la vie spirituelle et de l'Esprit » (377). Ce symbolisme est présent dans la *Bible*: ainsi Jésus dit à la femme de Samarie: « Qui boira de l'eau que je lui donnerai n'aura plus jamais soif [...]. L'eau que je lui donnerai deviendra en lui source d'eau jaillissant en vie éternelle » (« Jean » versets 4 et 14). Dans *Désert*, le voyage des hommes bleus ou des « gens des nuages » (titre d'un essai de Le Clézio), en quête de l'eau providentielle et des terres fertiles et libres du nord (loin des soldats colonisateurs), rappelle étrangement l'errance du peuple juif dans le désert du Sinaï, guidé par Moïse, dont la mission divine était de gagner la Terre Promise.

Dans cet univers hostile à l'homme, la mort est bien sûr omniprésente. Le désert représente à la fois le berceau et le tombeau, la genèse et « la fin de tous les temps » (*Désert* 16). Les pistes du Sahara sont en outre parsemées de Koubbas, monuments élevés sur la tombe d'un saint. Ces constructions funéraires, qui constituent « le centre du désert, peut-être le lieu où tout avait commencé, autrefois, quand les hommes étaient venus pour la première fois » (25-26), illustrent la dualité de la vie et de la mort. Immuable, le désert porte la marque de la mémoire originelle: « Nulle part ailleurs nous [Le Clézio et son épouse Jemia] ne nous sommes sentis aussi prêts du socle du monde, aussi proches de la dureté éternelle » (*Gens des nuages* 38-39).

Pour échapper finalement à l'enfer des villes occidentales, Lalla (l'héroïne de *Désert*) retournera au désert, là où le monde a commencé. La rencontre d'Es Ser, dit Thibault, transporte Lalla dans un autre univers et dans un temps immémorial. « Elle devient *quelqu'un d'autre*, de lointain, d'oublié [...]. Ce n'est pas un rêve mais le souvenir d'*une autre mémoire* dans laquelle elle est entrée sans le savoir » (92) (« Immigration et Individuation » 364). Comme le chercheur d'or, Lalla *Hawa* (qui signifie Eve) est en quête d'un trésor enfoui dans « le secret (et) le ventre de la terre » (*Pawana* 53/55). Au bout de l'errance, elle finira par trouver ce qu'elle a tant cherché: le rayonnement au milieu « de l'ordre vide du désert » (*Désert* 22).

A l'image de l'île, le désert constitue un espace sacré et primordial, une sorte de degré zéro d'où émerge le monde. Aux antipodes de la civilisation moderne, l'île et le désert sont des lieux magiques où l'homme religieux peut renouer avec la psyché primitive, tandis qu'il contemple la Création, cette œuvre des dieux. Le désert et l'île représentent des espaces vides et « habités », dans le Temps mythique et éternel des origines: « C'était un pays hors du temps, loin de l'histoire des hommes, peut-être, un pays où plus rien ne pouvait apparaître ou mourir, comme s'il était déjà séparé des autres pays, au sommet de l'existence terrestre » (*Désert* 11). Ce sont des « pays pour personne » (*Voyages de l'autre côté* 308), des pays de silence et de solitude. On sait à quel point ces deux notions inséparables sont chères à Le Clézio.

Le silence, qui s'oppose aussi à l'agitation futile du monde moderne, est généralement considéré, dans la tradition religieuse, comme « un prélude d'ouverture à la révélation » (Chevalier et Gheerbrant 883). Dans certaines religions, telles le Christianisme, le silence a précédé la Création et régnera à la fin des temps (883). C'est dire, en termes de spiritualité, la charge symbolique de ce concept! Dans le désert, « c'était le silence infini » (*Désert* 53). Le silence, au cœur de l'étendue désertique, est partout, aussi bien dans les dunes que dans le ciel:

> C'était le silence, peut-être venu du désert, de la mer des dunes, des montagnes de pierre sous la clarté lunaire, ou bien des grandes plaines de sable rose où la lumière du soleil danse et trébuche comme un rideau de pluie; le silence des trous d'eau verte, qui regardent le ciel comme des yeux, le silence du ciel sans nuages, sans oiseaux, où le vent est libre. (28)

Dans le désert immense, le silence est cependant parfois inquiétant: « Le silence était oppressant » (33). L'auteur évoque « Le terrible silence du centre du ciel » (119-20). Comme le remarque Simone Domange, le silence est lié au secret, autre thème obsessionnel chez Le Clézio: « Ce grand silence [...] c'était le véritable secret » (17-18). « L'un des personnages, Es Ser, essentiel et mythique, s'appelle *le secret*. C'est aussi l'un des noms de Dieu dans la prière de Ma el Aïnine » (guerrier dont le nom signifie « eau des yeux »), écrit Simone Domange (*Le Clézio ou la quête du désert* 17). Es Ser, et Le Hartani, berger muet et amant de Lalla, ne s'expriment pas avec des mots, c'est leur regard qui parle, comme si leurs yeux étaient des puits qui reflétaient l'âme du désert. Le silence règne en maître sur l'île Rodrigues: « Surtout le silence [...], silence chargé de lumière et de vent, qui semblait venir de l'autre bout de l'océan, du plus au sud, des régions les plus pures du monde, l'Antarctique, l'Australie, l'Océanie » (*Voyage à Rodrigues* 35). Alexis, dans *Le chercheur d'or*, est fasciné par le silence et la solitude de l'île Rodrigues: « De nouveau, je ressens l'ivresse, le vertige. Il y a tant de silence ici, tant de solitude! » (192). Dans *Voyages de l'autre côté*, le silence évoque le monde des origines: « Non, les mots du langage ne pouvaient pas encore servir. Il y avait trop de puissance ici, trop de force, d'espace plein » (11). Le désert tout comme l'île est langage.

L'immensité (bien que les indications géographiques réelles y soient très précises), à laquelle Le Clézio fait allusion tout au long de son roman, renforce d'autre part le mystère du désert, mais aussi le sentiment de solitude qu'on peut y éprouver. Il représente le lieu primordial par excellence: « L'horizon inaccessible » (9); « L'étendue sans limites » (23); « Le désert est si grand que personne ne peut le connaître en entier » (169); « Etendue infinie de pierres et de sable » (210). Il s'agit d'un monde vide d'hommes, uniforme et incommensurable. Nour, le fils du guide, « pensait à la solitude de ces terres sans limites » (401); c'est aussi, dit le narrateur, « un endroit où il n'y a personne, personne » (89). Simone Domange écrit que « solitude et silence du désert déteignent sur les êtres humains [...] qui au milieu de leurs semblables semblent murés en eux-mêmes » (17): « Ils passaient devant les campements sans même tourner la tête, encore lointains et seuls comme s'ils étaient au milieu du désert » (*Désert* 21). Iles et désert constituent des espaces primordiaux, composés de paysages minéraux hautement symboliques, dont nous étudierons les principaux éléments dans la prochaine partie.

Ces lieux sacrés forment des entités remarquables. Teresa Di Scanno observe à propos de *Désert* que le titre de ce roman ne contient pas d'article. *Désert*, écrit-elle, « est un être vivant, unique, où toute essence est condensée, essence d'une réalité à la fois physique et métaphysique. En effet, le désert représente le moyen d'entrer en rapport avec le cosmos et le divin » (*La vision du monde de Le Clézio* 99). Pour Simone Domange, l'absence d'article suggère que le nom commun se transforme en nom propre. Le désert, écrit-elle, est un « personnage ». « Ce dernier se trouve personnifié dès le début (8). Comme un être humain, il éprouve des sentiments » (*Le Clézio ou la quête du désert* 25): « Les hommes savaient bien que le désert ne voulaient pas d'eux » (*Désert* 13). L'île et le désert sont personnifiés et sont associés au mythe de la Terre-Mère développé notamment par Mircea Eliade. Ils possèdent, comme nous allons le démontrer, des pouvoirs géniteurs. L'un et l'autre de ces espaces engendrent le cosmos et les êtres humains.

3. Le mythe de la Terre-Mère.

L'image de la terre femme, qui donne naissance à tous les êtres vivants, est selon Mircea Eliade, très répandue dans toutes les cultures, et plus particulièrement dans les religions méditerranéennes. La conception de la *Terra Genitrix* universelle se retrouve aussi dans les mythes amérindiens et dans la langue : les Navahos appellent la Terre « Naëstsan », ce qui signifie littéralement « La femme horizontale » ou « la femme couchée » (Eliade, *Mythes, rêves et mystères* 195). Le Clézio en est profondément conscient: dans *Le rêve mexicain*, il rappelle que « les civilisations amérindiennes expriment toutes cette sacralisation de la terre. Du nord au sud de l'immense continent, la terre-mère est le commencement de la vie » (264). La Terre, en tant que Mère géante, possède des galeries et des rivières souterraines assimilées à la *vagina* (Eliade 211). Dans le temps des origines, la *Terra Mater* ou la *Tellus Mater* (du latin : la terre-mère) a porté dans ses entrailles toutes les espèces qui peuplent le monde. Depuis, « [...] la condition de l'embryon et du nouveau-né est homologuée à l'existence mythique de l'espèce humaine au sein de la Terre; chaque enfant répète, dans sa condition prénatale, la situation de l'humanité primordiale » (Eliade 196). La Terre est donc une « Mère Primordiale » (Eliade 208), une Déesse tellurique (211), à laquelle de nombreuses femmes cherchent à s'identifier à travers des rites et des coutumes symboliques.

Eliade rappelle notamment que l'accouchement sur le sol est une pratique que l'on retrouve un peu partout dans le monde, de l'Australie à la Chine, de l'Afrique à l'Amérique du sud. Il précise ensuite que cette coutume d'accouchement est une « version microcosmique d'un acte exemplaire accompli par la Terre: toute mère humaine ne fait qu'imiter et répéter cet acte primordial de l'apparition de la Vie dans le sein de la Terre » (205). En Afrique, certaines tribus (les Dogons entre autres), ont coutume de manger la terre en signe d'identification à la *Tellus Mater* (Chevalier et Gheerbrant 941). Il existe encore bien d'autres actes symboliques, pour certains mentionnés précédemment, tels que pénétrer dans un labyrinthe ou dans une caverne dans l'espoir d'un « retour mystique à la Mère – but que (poursuivent) aussi bien les rites d'initiation que les rites funéraires » (Eliade 211). La Terre est donc ambivalente: elle donne et reprend la vie. L'homme naît des profondeurs symboliques de la terre et y retourne lors de sa mort, d'où le sens attribué à l'ensevelissement du corps ou aux cendres dans de nombreuses religions. Pour les Aztèques, la Déesse-Mère présentait deux aspects opposés: elle était, grâce à ses fruits, la Mère Nourricière, mais parce qu'elle réclamait des morts dont elle se nourrissait, elle était destructrice (Chevalier et Gheerbrant 941).

Le mythe de la Terre-Mère est très présent dans les œuvres de Le Clézio. Il est souvent associé, chez l'écrivain, à une vision panthéiste et animiste du monde et de la Création. Les îles et le désert représentent non seulement des espaces sacrés et primordiaux, mais sont aussi autant de représentations symboliques de la *Tellus Mater*. Les îles des récits mauriciens portent dans leur socle basaltique la mémoire de la genèse, et possèdent le pouvoir de transmettre la vie, à travers leurs attributs féminins. Les antres et les eaux pures du lagon, qui caractérisent les îles volcaniques, constituent des éléments matriciels éminemment symboliques. Nous ne reviendrons pas sur ces aspects développés précédemment, mais nous nous pencherons ici sur l'apparition de la vie dans l'espace aride et mystique du désert. Pour ce faire, nous nous focaliserons essentiellement sur le roman *Désert*, où les mythes d'émersion ainsi que la symbolique des éléments, nous semblent riches et suggestifs. Bien que n'appartenant pas au corpus mauricien ce livre mérite une attention particulière, dans la mesure où il présente des mythes de création du monde extrêmement intéressants et poétiques.

Au début du roman, un souffle magique, matérialisé par le vent violent du désert, transforme les sables stériles en terre-mère. Puissant symbole d'énergie, « le vent qui souffle continûment sur le désert » (*Désert* 7), paraît féconder la dune encore vierge. Ses flancs expulsent les hommes qui émergent de son corps dressé: « Ils sont apparus comme dans un rêve au sommet de la dune, à demi cachés par la brume de sable » (incipit). L'apparition soudaine et fantastique des nomades en haut de la dune évoque le miracle de la Création. Les hommes apparaissent (début du roman) et disparaissent (fin du roman) comme par enchantement:

> Ils étaient apparus comme dans un rêve en haut de la dune, comme s'ils étaient nés du ciel sans nuage et qu'ils avaient dans leurs membres la dureté de l'espace [...] (9). Les hommes bleus ont déjà disparu, comme s'ils avaient été avalés par la terre (361). Ils s'en allaient, comme dans un rêve ils disparaissaient. (410)

Les êtres humains sont « semblables à des mirages » (22). Seul le sable, que leurs pieds soulèvent, paraît leur donner une réalité. L'apparition des hommes est comparable à un songe tant elle semble extraordinaire. Les premiers d'entre eux naissent de la dune et de l'espace, d'autres émergent de la vallée: « Maintenant, ils étaient apparus au-dessus de la vallée » (13). A la fin du roman, « ils sont apparus sur la grande plaine » (397). Les hommes finissent par se multiplier sans que l'on sache vraiment d'où ils viennent: « Ils étaient plusieurs milliers maintenant qui marchaient dans la vallée » (211). Le choix du verbe « apparaître », répété plusieurs fois dans le texte, renforce le mythe de la genèse, récurrent dans *Désert*. La thèse de la terre-mère se trouve également accréditée par l'emploi d'expressions significatives: « Ils étaient nés du désert [...]. Ils étaient les hommes et les femmes du sable, du vent, de la lumière, de la nuit » (8-9). Comme nous le verrons, les personnages sont constitués de matière cosmique.

Mais contrairement à la Genèse biblique, le nom du Créateur ne figure pas ici. La *Bible* indique qu'« au commencement Dieu créa les cieux et la terre. La terre était informe et vide: il y avait des ténèbres à la surface de l'abîme et l'esprit de Dieu se mouvait au-dessus des eaux » (« Genèse » 1-2). L'esprit divin, chez Le Clézio, est symbolisé par le souffle du vent qui représente la force primordiale. Dans le désert, le vent souffle si durement sur les nomades qu'il semble produire une forme de désincarnation: « Le vent passait sur eux, à travers eux, comme s'il n'y avait personne sur les dunes » (8). Le vent est non seulement un élément d'origine céleste, mais comme le feu et l'eau, il est aussi purificateur. Dans *Désert*, il fait table rase et joue le rôle d'une eau de baptême: « Le désert lavait tout dans son vent, effaçait tout » (12). Chevalier et Gheerbrant indiquent que dans la *Bible* les vents sont « les messagers divins » qui communiquent aux Apôtres les langues de feu du Saint-Esprit. Le vent anime aussi le premier homme: Dieu souffle dans ses narines. Dans le Coran, le souffle du vent représente les Anges (*Dictionnaire des symboles* 997-98).

Or le vent, comme tout symbole riche, est ambivalent. Il est présenté dans *Désert* à travers sa dualité, il est à la fois destructeur, vital et poétique: « Le grand vent transparent [...] qui danse » (75). Elément positif, il est aussi chargé de négativité: « Le vent soufflait continûment, chaud le jour, froid la nuit » (7), « Le vent froid la brûle [Lalla], le vent terrible qui n'aime pas la vie des hommes, il souffle pour l'abraser, pour la réduire en poudre » (189), « [...] maintenant soufflait le vent du désert, qui abrase tout » (398), « En même temps que la mort, c'était le vent du Chergui qui était venu » (336). Dans le roman de Le Clézio, le désert, qui symbolise le silence et le vide, est le lieu privilégié des révélations: « Le bruit des souffles avait peuplé toute la nuit, avait couvert tout l'espace » (66). La vie commence à bruire. On peut entendre le murmure des respirations dans le ventre de la nuit. Tout se passe comme si la vie germait de la fusion sublime des éléments: « Ils étaient les hommes et les femmes du sable, du vent, de la lumière, de la nuit » (9). Mais à la différence encore de la Genèse biblique, Le Clézio n'établit pas d'ordre ou de succession entre les divers événements de la Création.

Les hommes, les animaux et les éléments semblent être produits par la même synergie. L'auteur ne fait d'ailleurs aucune distinction, ni ségrégation entre les espèces. Les créatures issues de la même généalogie, la terre-mère, possèdent donc une valeur identique et entretiennent des relations fraternelles, comme dans le Jardin édénique: « Les hommes appartenaient à l'étendue sans limite, au sable, aux chardons, aux serpents, aux rats, au vent surtout car c'était leur véritable famille » (23). C'est la symbiose de l'homme avec les éléments et les autres créatures, même les plus redoutables, qui fait l'originalité de la vision leclézienne.

Pétris et érodés par le sable, le soleil et le vent, les hommes naissent de la fusion avec la matière. Les Touaregs se fondent dans le paysage: l'indigo de leurs vêtements rappelle le bleu intense du ciel, tandis que leurs yeux noirs reflètent la lumière céleste. Les ocres et les bleus, dans un jeu subtil de correspondance, composent le décor. Semblables au désert auquel ils s'identifient, les nomades réalisent les noces mystiques de l'homme avec la nature. Ils sont à tel point confondus avec les éléments qu'ils paraissent presqu'invisibles. A la mort du jour, ils sont occultés par la nuit, qui les enveloppe dans son grand manteau: « Ils disparaissaient sur l'étendue de sable et de pierre. Invisibles tandis que le ciel noir resplendissait encore davantage » (12). La marche des nomades dans le désert, en rapport aussi avec un épisode de l'histoire du Maroc (l'invasion du Rio de Oro par les troupes françaises de 1909 à 1912), évoque, dans le roman de Le Clézio, le voyage réel et imaginaire des ancêtres: celui des hommes bleus avec leurs célèbres guerriers (Ma el Aïnin) et celui des premiers hommes.

La grande arche constituée par les hommes et les animaux, dont on suit comme à travers l'objectif d'une caméra, la progression cahotante sur les vagues de sable, porte en outre dans ses flancs les germes de la vie et de la mort. Le sang répandu des bêtes mortes en route ensemence le sol, comme si elles s'étaient sacrifiées pour que la vie puisse continuer: « les bêtes étaient mortes, la gorge ouverte pour fertiliser les profondeurs de la terre [...] » (12). On revient ici à la dualité de la Terre-Mère: déesse de la vie et de la mort.

La caravane des hommes et des animaux, fuyant la guerre et la misère, est guidée par les astres, présents dans presque toutes les œuvres de Le Clézio. Les étoiles, qui représentent, selon Chevalier et Gheerbrant, « la manifestation divine dans la nuit ainsi qu'un monde en formation » (*Dictionnaire des symboles* 419-421), tracent dans le ciel des chemins balisés qu'on ne peut voir sur la terre: « La nuit du désert était pleine de ces feux qui palpitaient doucement [...]. Puis ils [les nomades] écoutaient la nuit » (*Désert* 11). Pour les interpréter une initiation est nécessaire. La douceur de ces luminaires nocturnes offre d'autre part un contraste avec la lumière du jour, qui brûle et qui aveugle:

> Les hommes regardaient le disque resplendissant qui éclairait le fond de la vallée, et ils plissaient les yeux et se courbaient déjà un peu, comme s'ils voulaient lutter contre le poids et la douleur de la lumière sur leurs fronts et sur leurs épaules. (*Désert* 209)

La lumière du soleil est cependant positive et négative. Elle tue et donne aussi la vie: « C'est une lumière très claire, surtout le matin, juste après le lever du soleil. Elle éclaire les rochers et la terre rouge, elle les rend vivants » (118). Elle constitue également un signe divin: « [...] le tombeau blanc était apparu entre les collines de pierres, étincelant dans la lumière du ciel [...]. La lumière très belle et très pure illuminait le tombeau » (25). Le visage du guerrier saint, Es Ser, « resplendit de lumière » (116). Son regard est « comme la lumière du soleil qui entoure et protège » (86). La lumière solaire, comme le vent du désert, représente la manifestation divine dans son ambivalence: à la fois bienveillance et courroux.

La lumière réfléchie par les étoiles est toujours positive. La voie lactée reproduit le signe de l'alliance entre le ciel et la terre: « la grande voie blanche fait comme un pont de sable au-dessus de la terre » (11). Considérée en outre comme une messagère divine dans de nombreux récits bibliques (naissance de Jésus à Bethléem), l'étoile ainsi que l'eau, symbolise la naissance et l'inspiration: « le ciel immense et froid s'ouvrait au-dessus de la terre éteinte. Alors les étoiles naissaient, les milliers d'étoiles arrêtées dans l'espace [...]. Ils [les hommes bleus] écoutaient la nuit » (10-11). Les étoiles président aussi à la destinée des hommes: « Peut-être que c'est écrit dans les étoiles [...]. Il y a tant de signes dans le ciel »; « [...] ces traits de feu qui tracent la destinée des hommes et permettent aux secrets de se réaliser » (*Le chercheur d'or* 50). La voie lactée exerce une véritable fascination sur les personnages lecléziens qui y cherchent les traces secrètes de leur destinée.

Commencement du monde et lieu de naissance des hommes, le désert est un lieu mystique et sublime. Teresa Di Scanno écrit que « le désert devient ainsi un mythe ou- mieux- une réalité métaphysique, car il représente, avec ses puissances telluriques et cosmiques, avec ses dimensions infinies, la force ancestrale, surnaturelle » (*La vision du monde de Le Clézio* 117). Comme l'île Rodrigues et l'île Plate, surgies des eaux matricielles, le désert procure aux héros le sentiment d'être proches de la création. Les personnages s'identifient à ces lieux sacrés et primordiaux, dans lesquels ils naissent ou renaissent. Ils découvrent, à travers ces espaces magiques, une autre conception du monde et du temps, liée notamment au mythe de l'éternel retour.

4. Le mythe de l'éternel retour.

De nombreux peuples archaïques pensaient, d'après les sources de Mircea Eliade, que le monde devait être annuellement renouvelé. Ce renouvellement s'opère selon un modèle qui correspond au mythe cosmogonique. Ces sociétés célébraient la fin et le début d'un cycle par une série de rituels, dont le but était la rénovation du monde. Les Aborigènes d'Australie (dans le Kimberley), par exemple, recréaient rituellement les animaux et les plantes, peints par les ancêtres, avec de nouvelles peintures rupestres censées réactiver leur puissance créatrice. Cette recréation périodique des plantes et des animaux équivalait ainsi à une recréation du monde (*Aspects du mythe* 60-61). Eliade relate en outre que, pour la plupart des sociétés primitives, la fin du monde s'est déjà produite plusieurs fois, suite à des cataclysmes cosmiques: tremblements de terre, éruptions volcaniques etc. (74). « Le mythe de l'anéantissement du Monde suivi d'une nouvelle Création et de l'instauration de l'Age d'Or » (Eliade, *Aspects du mythe* 13), qui caractérise les sociétés archaïques, est également très présent dans les romans de Jean Marie Gustave Le Clézio.

Dans *Le rêve mexicain*, l'écrivain explique que « le concept linéaire du temps, né du néant et retournant au néant, est aussi étranger aux cultures amérindiennes que l'idée d'un monde purement matériel dépourvu de finalité » (253). Le Clézio ajoute, que « l'idée du temps cyclique imprègne la mythologie des Mayas, des Aztèques : les événements du quotidien, comme les hauts faits mythiques, ont une valeur universelle, parce qu'ils doivent se reproduire » (256). La conception cyclique du temps est, d'après Le Clézio, l'expression d'une philosophie partagée par les grandes civilisations extrême-orientales: « La conception cyclique du temps était sans doute l'amorce d'une philosophie plus complexe, tendant à la même perfection que les grandes philosophies de l'Inde ou de la Chine » (*Le rêve mexicain* 257).

L'idée d'un retour des événements, importants ou non, heureux ou malheureux, sans connotation religieuse ou spirituelle, fait partie intégrante de la philosophie de Nietzsche (*Le gai savoir*). La thèse du « surhomme », défendue par le philosophe allemand, consiste notamment à prendre conscience de l'éternel retour des épreuves humaines afin de se préparer à les affronter. L'homme fort, c'est celui qui se sert de l'expérience, pour apprendre à résister aux coups répétés du sort.

Eliade établit d'autre part une distinction entre l'homme profane et l'homme religieux, qui a une conception différente du temps: « l'homme religieux vit dans deux espèces de Temps, dont la plus importante, le Temps sacré, se présente sous l'aspect d'un Temps circulaire, réversible et récupérable, sorte d'éternel présent mythique que l'on réintègre périodiquement par le truchement des rites » (*Le sacré et le profane* 64). A travers ses nombreuses œuvres, l'historien des religions souligne le concept de régénération continue du temps dans les civilisations traditionnelles et pré-modernes cultivant une pensée magique. Cette régénération du temps est reliée au concept de régénération périodique de la création du monde, mû par le besoin d'« expulsion des maux » (*Le mythe de l'éternel retour* 91) :

> L'homme archaïque ne connaît pas d'acte qui n'ait été posé et vécu antérieurement par un autre, *un autre qui n'était pas un homme*. Ce qu'il fait *a déjà été fait*. Sa vie est la répétition ininterrompue de gestes inaugurés par d'autres [...]. Le geste n'obtient de sens, de *réalité* que dans la mesure exclusive où il reprend une action primordiale. (Eliade, *Le mythe de l'éternel retour* 16)

Par l'imitation des dieux, l'homme religieux est projeté dans le temps mythique des origines et abolit le temps profane.

Chez Le Clézio, le mythe de l'éternel retour s'exprime à travers une préférence marquée pour le temps cyclique, au détriment du temps linéaire. L'éternel recommencement est lié au désir de revivre dans le temps fabuleux des origines et à la volonté de s'incarner dans les ancêtres, personnels ou inconnus. Les procédés narratifs, basés notamment sur la répétition de formules et la structure circulaire d'un grand nombre de romans, contribuent à renforcer le principe de l'éternel retour. Nous analyserons le concept de temps cyclique, lié également au cycle des réincarnations dans *La quarantaine*, à travers deux symboles particulièrement suggestifs: le serpent qui se mord la queue et la mer. Puis nous mettrons en évidence l'existence d'un autre temps, celui de l'achronie (temps suspendu), qui transcende le temps linéaire, mais aussi le temps cyclique.

La préférence de Le Clézio pour le temps cyclique s'explique par le refus du temps linéaire et historique, considéré comme un facteur d'aliénation. Le temps linéaire et téléologique, qui rythme le destin de l'homme occidental, est associé à l'irréversiblc. L'ĉtrc humain se dirige inexorablement vers sa fin. L'avenir c'est la mort et l'apocalypse. Pour abolir ainsi le devenir brutal et angoissant qui les attend, les personnages lecléziens aspirent à retrouver le temps immobile des commencements. Leurs échappées hors du temps, par des rituels, annulent l'irréversibilité du temps historique. Au début du monde, « Il n'y avait pas de jours, pas de nuits, pas d'années [...]. Le temps n'avait pas de mesure. C'était le commencement, tout à fait au début, comme un serpent qui mord sa queue. La spirale avait fait son tour [...] » (*Voyages de l'autre côté* 17).

Les protagonistes, dans les romans de Le Clézio, cherchent le plus souvent à se réfugier derrière « l'espèce de rempart circulaire qui enfermait l'avenir [...] dans le pays de l'autre côté de la naissance » (*Voyages de l'autre côté* 15/306). Le héros de *Pawana*, John de Nantucket, rêve « depuis son enfance [...] d'aller là [...] où tout commençait, où tout finissait » (7). Les baleines, qu'il chasse et qui le fascinent en même temps, « venaient au monde dans l'endroit où la vie avait commencé, dans le secret de la terre. Sans cesse recommencé, et il ne devait pas y avoir de fin » (53). Le narrateur de *Voyage à Rodrigues* est « revenu à Rodrigues [...] pour chercher à remonter le temps » (133), et écoute le « message » de la vallée de l'Anse aux Anglais « comme une parole qui viendrait d'un bout du temps, et qui irait en volant droit devant elle, vers l'autre bout du temps » (43). Lorsqu'Alexis a aperçu l'atoll de Saint-Brandon, il a rêvé que « tout allait commencer » (*Le chercheur d'or* 178). Léon, qui guette Suryavati sur l'île Plate, espère que « tout va pouvoir recommencer » (*La quarantaine* 293). En même temps qu'il aspire à « une quête d'un trésor sans fin » (119), le chercheur d'or souhaite aller « vers une fin qu'[il] ne connaît pas » (*Le chercheur d'or* 142), rompant ainsi avec la fatalité de la durée historique.

L'image du serpent qui mord sa queue, que l'on retrouve notamment dans une œuvre au titre évocateur, *Voyages de l'autre côté*, illustre le principe de l'éternel retour. La notion de temps cyclique apparaît comme un thème obsessionnel chez l'auteur, qui reprend la métaphore des serpents, à la fin de la fable *Pachacamac* (*Voyages de l'autre côté*):

> Puis les serpents s'unissaient par un nœud, et la terre, l'espace, le soleil, et même la lune qui nageait dans son eau n'étaient plus que les régions circulaires, aujourd'hui: le serpent à dix têtes était au centre. (*Voyages de l'autre côté* 308)

Le serpent rappelle la roue du temps cyclique qui rythme la vie et les croyances des Bouddhistes et des Hindouistes. Si l'homme se trouve au bout de la chaîne de la création, le serpent, au contraire, se situe au commencement. Sa constitution élémentaire n'a pas nécessité, comme pour l'homme, « un long effort génétique » (Chevalier et Gheerbrant 867). Ramené à « son expression première », ce vertébré à sang froid dessine une ligne qui « n'a ni commencement ni fin » (867). « On ne voit de la ligne que sa partie proche, présente, manifeste. Mais on sait qu'elle se poursuit, en deçà et au-delà, dans l'invisible infini » (867). C'est parce qu'aussi « la ligne s'anime » qu'« elle devient susceptible de toutes les représentations, de toutes les métamorphoses » (867). Le serpent visible, est, selon Chevalier et Gheerbrant, « une hiérophanie du sacré naturel », dans la mesure où « il se poursuit dans cet infini matériel qui n'est autre que l'indifférencié primordial [...] sous jacent à la terre manifestée » (*Dictionnaire des symboles* 867).

Le serpent qui se mord la queue, écrivent d'autre part Chevalier et Gheerbrant, représente « la création d'un cercle continu, qui empêche sa désintégration [...]. La circonférence vient ici compléter le centre pour suggérer [...] l'idée même de Dieu » (867). Chevalier et Gheerbrant ajoutent que le serpent qui se mord la queue symbolise « l'auto-fécondateur permanent, comme le montre sa queue enfoncée dans sa bouche; il est perpétuelle transmutation de mort en vie puisque ses crochets injectent son venin dans son propre corps » (867). Pour Bachelard, le serpent représente symboliquement:

> la dialectique matérielle de la vie et de la mort, la mort qui sort de la vie et la vie qui sort de la mort. S'il appelle l'image du cercle, il est surtout la dynamique du cercle, c'est-à-dire la première roue, d'apparence immobile, parce qu'elle ne tourne que sur elle-même, mais dont le mouvement est infini, parce qu'il se reconduit perpétuellement en lui-même. (Chevalier et Gheerbrant, *Dictionnaire des symboles* 868-69)

Par ailleurs, le serpent, représenté comme un monstre à plusieurs gueules, exprime « l'aspect terrestre, c'est-à-dire l'agressivité et la force de la manifestation du grand dieu des ténèbres qu'est universellement le serpent » (Chevalier et Gheerbrant 868). Le nombre dix (« le serpent à dix têtes ») mentionné en outre par Le Clézio symbolise « la totalité, l'achèvement et le retour à l'unité, après le développement du cycle des neuf premiers nombres »

(Chevalier et Gheerbrant 359). Chevalier et Gheerbrant indiquent d'autre part que la décade était pour les Pythagoriciens, le plus sacré des nombres. C'était le symbole de « la création universelle ». La Tetraktys est aussi « une image de la totalité en mouvement » (359).

Voyages de l'autre côté de Le Clézio, composé de trois fables (*Watasenia*, *Naja Naja* et *Pachacamac*), met en scène un poulpe géant (*Pachacamac*) assimilé à Nâga (du sanskrit: « éléphant » et « serpent ») ou serpent cosmique. Dans la tradition hindouiste, Nâga a pour homologue le serpent Ananta, qui :

> enserre de ses anneaux la base de l'axe du monde. Associé à Vishnu et à Civa, Ananta symbolise le développement et la résorption cyclique, mais en tant que gardien du nadir (de l'arabe: « opposé » au Zénith), il est le porteur du monde dont il assure la stabilité (Chevalier et Gheerbrant 868).

Ananta est également, dans *La quarantaine*, le nom de la mère de Suryavati, dont Léon souhaiterait connaître l'histoire personnelle, et dans laquelle il s'incarne symboliquement. Au moment de son union avec Surya, Léon déclare:

> Je n'étais plus le même, j'étais elle, et avant elle, j'étais Giribala qui fuyait le long du fleuve, emportant l'enfant Ananta à travers la campagne incendiée, se cachant dans les roseaux, et qui l'avait plongée dans l'eau boueuse de la Yamuna, lui avait soufflé son nom au visage (275) [...]. Je pense à Ananta, comme à quelqu'un que j'aurais connu, une aïeule dont je porterais le sang et la mémoire, dont l'âme serait encore vivante au fond de moi. Je ne sais d'elle que ce nom [...]. (281)

L'expression du temps réversible est liée au cycle des réincarnations, particulièrement important dans *La quarantaine*, qui met en scène des protagonistes d'origine indienne et de culture hindouiste. Léon ressuscite, par les pouvoirs de l'initiation et de l'imagination, l'épopée des ancêtres de Surya (Ananta et Giribala) et de milliers d'Indiens déportés sur l'île Plate au XIXe siècle à cause du choléra. Dans *Etoile errante*, Le Clézio adopte le même procédé qui consiste à remonter le temps et à entretenir la mémoire des victimes de la Shoah. On suit ainsi le voyage d'Esther et des rescapés des camps de concentration, à bord de L'Exodus, en direction d'Israël. Dans *La quarantaine*, le voyage n'est pas linéaire, comme la ligne du temps, mais circulaire. L'Ava, le bateau qui conduit les aïeux de Le Clézio de l'Europe vers Maurice, et le bateau, qui depuis les eaux du Gange, transporte la mère et la grand-mère de Surya, aboutissent tous deux à l'île Plate. Le roman est d'ailleurs constitué de mises en abyme constantes, qui présentent en parallèle des épisodes de la vie des aïeux de Le Clézio (Léon, Jacques et Suzanne: ses grands-parents) et de Surya (Giribala et Ananta).

'Le thème de la mémoire dans *La quarantaine* correspond au cycle des naissances et des morts. Le narrateur, pour compenser une origine dans laquelle il ne se reconnaît pas, se réinvente un nom et une mémoire collective [...]. Ce principe de transmigration (le narrateur est parfois Rimbaud, Ananta, Giribala, parfois Krishna ou bien les oiseaux, symboles de la transmigration des âmes) est expliqué dans le Bouddhisme par la roue de l'existence (Samsara)'. (Mauguière, « La philosophie orientale du cycle de vie et de mort » 112)

Si le narrateur de *La quarantaine* fait revivre ses aïeux, auxquels il s'identifie, par un retour du temps, il se veut également le porte-parole de tous les disparus de l'île Plate et de l'îlot Gabriel, morts dans la solitude et dans l'oubli des suites de la variole confluente. A cet égard, Le Clézio adopte le concept d'anamnèse, proposé par Françoise Lionnet, et qui consiste à rapporter l'histoire oubliée ou négligée d'une communauté à travers un destin biographique individuel. Comme nous l'avons vu, Léon cherche même à s'incarner dans des ancêtres qui n'appartiennent pas à sa propre lignée. De même qu'Alexis et le grand-père de *Voyage à Rodrigues*, le narrateur de *La quarantaine* aspire à devenir un autre, poursuivant de la sorte la chaîne des existences humaines: « Alors j'étais Léon, l'autre Léon, celui qui avait rompu toutes les attaches et avait changé, jusqu'à son nom, pour partir avec la femme qu'il aimait » (457). Il s'identifie en outre au poète Arthur Rimbaud que son grand-père Jacques a croisé un soir dans un café parisien. Comme lui, il s'est arrêté à Aden (port du sud du Yémen), et comme lui, c'est un révolté qui a choisi la fuite dans un ailleurs: « Je suis comme l'homme d'Aden » (144). Le site d'Aden, aride et volcanique, est également comparable à l'île Plate. Le roman de *La quarantaine* s'ouvre sur le souvenir de Rimbaud enivré et s'achève sur sa mort précoce dans un hôpital de Marseille, suite à une gangrène de la jambe contractée en Abyssinie (ancien nom de l'Ethiopie). La date de la disparition du « voyageur sans fin » (Rimbaud, titre aussi du premier chapitre) correspond à la date de la rupture définitive de Léon avec les Archambau, à l'été 1891:

> C'était le même été, il y a de cela quatre-vingt-neuf ans, quand Léon et Suryavati se sont effacés de la mémoire des Archambau, comme s'ils entraient dans un autre monde, de l'autre côté de la vie, séparés de moi par une mince couche de peau qui les rend invisibles. Ils n'ont jamais été aussi près de moi qu'en cet instant. (465)

Alexis, quant à lui, devient le corsaire inconnu: « Alors j'ai commencé à vivre dans la compagnie du corsaire inconnu » [...] (105); « J'ai commencé à ressembler au corsaire inconnu qui a habité ces lieux » (219); « J'ai franchi le temps dans un vertige, en regardant le ciel étoilé. Le corsaire inconnu est ici même, il respire en moi, et c'est avec son regard que je contemple le ciel » (*Le chercheur d'or* 334). Le narrateur de *Voyage à Rodrigues*, cherche à s'incarner dans son aïeul:

> J'ai voulu retrouver un homme, un homme tout entier, avec son secret, sa crainte, son désir, son savoir [...]. Et moi, mon cœur battait aussi fort, parce que je croyais sentir la présence de mon grand-père inconnu, j'étais sur ses traces, je voyais par ses yeux, je sentais par son être, je l'avais rejoint dans son rêve. (106)

Les réminiscences des protagonistes constituent autant d'illustrations de la rénovation du temps chez Le Clézio. En effet, les personnages lecléziens se souviennent de vies antérieures mystérieuses, dans lesquelles ils avaient déjà ressenti les mêmes émotions, dans lesquelles ils avaient déjà visité les mêmes lieux. Isabelle Roussel-Gillet remarque ainsi la répétition de formules temporelles symboliques:

> La formule opératoire « comme pour la première fois » manifeste le principe de l'éternel retour. Cette formule connaît aussi des variations de même sens avec les anaphores « jamais » qui soulignent l'exception: « Jamais elles ne m'ont paru si belles (82), j'entends la mer comme jamais je ne l'ai entendue jusqu'alors » (86) [...]. La formule exprimant l'épiphanie « pour la première fois » ponctue par exemple les épisodes clefs de la vie d'Alexis dans son éveil à la nature et aux sens comme autant d'épisodes épiphaniques [...] « c'est ici que j'ai entendu la mer pour la première fois (34), il y a longtemps que j'ai entendu parler de cela pour la première fois, par Mam peut-être » (61) [...]. (51)

Isabelle Roussel-Gillet démontre ensuite la corrélation de ces expériences avec les théories d'Eliade:

> On devine le désir profond de vivre chaque expérience comme elle a été vécue la première fois alors qu'elle représentait une sorte d'épiphanie, la rencontre avec quelque chose de puissant, de significatif, de stimulant, rencontre qui donne un sens à l'existence. (*Méphistophélès et l'androgyne* 213)

Dans *La quarantaine*, Le Clézio reprend les mêmes formules pour exprimer à la fois l'exception et la répétition temporelle: « Jamais je [Léon] n'avais vécu cela de toute ma vie, j'étais sûr que jamais plus cela ne se reproduirait » (271). L'auteur emploie encore l'expression « jamais » dans *Pawana*: « Je n'avais jamais vu une femme qui lui ressemblait » (22). La formule « la première fois » est aussi répétée dans ce roman pour souligner la forte impression que l'apparition de la jeune Indienne a suscitée chez le héros: « C'est ici que j'ai vu Araceli, pour la première fois » (19), « quand j'ai vu Araceli, la première fois » (20). Dans *Désert*, les termes « la première fois » soulignent l'hypothèse d'un temps cyclique: « C'était le centre du désert, peut-être, le lieu où tout avait commencé, autrefois, quand les hommes étaient venus pour la première fois » (25-26).

Le concept de vie antérieure et d'existence prédestinée est en outre renforcé, dans *La quarantaine*, par une expression que l'on retrouve dans d'autres romans de Le Clézio: « depuis toujours ». « Je suis ici chez moi, dit Léon, à l'endroit dont j'ai toujours rêvé, l'endroit où je devais venir depuis toujours » (142), « Il n'y a que quelques jours qui nous séparent de notre arrivée sur l'île, et pourtant il me semble que j'ai vu cette scène depuis toujours » (192), « Tout cela je le savais depuis toujours, je l'avais déjà vécu mille fois en rêve » (274). « C'était comme s'il avait marché depuis toujours [...] » (*Désert* 233). Dans *Onitsha*, le jeune Fintan (l'auteur lui-même) qui aborde les côtes africaines pour la première fois « avait toujours été là, l'Afrique était déjà un souvenir » (33).

On retrouve d'autres formules pour exprimer le temps originel, telles que « il y a si longtemps ». « C'était autrefois, c'était il y a si longtemps » (*Pawana* 14), « Il y a si longtemps que je vis dans cette vallée solitaire » (*Le chercheur d'or* 198), « Ils étaient devenus depuis si longtemps muets comme le désert » (*Désert* 8). Le flou des repères temporels contribue à distinguer le temps fabuleux des origines du temps historique. L'absence de précisions temporelles offre un contraste avec l'indication détaillée de dates historiques faisant référence à la guerre de 1914-1918 (*Le chercheur d'or*) ou du Sahara occidental (*Désert*).

Lorsqu'Alexis s'engage dans la Grande Guerre, il entre à nouveau dans l'Histoire. Les lettres qu'il adresse à sa sœur Laure font ainsi mention de dates et de lieux très précis: « Somme, automne 1916, le 23 avril [...] (284). A sept heures trente très exactement » (294). « Ypres, hiver 1915 » (277), « Eté 1916 » (286). Laure lui écrit une lettre datée du 6 juillet 1914 (*Le chercheur d'or* 249). *Désert* évoque deux épisodes sanglants de l'histoire coloniale: Le 21 juin 1910, dans l'oued Tadla et le 30 mars 1912, à Agadir au Maroc. L'armée française et ses tirailleurs sénégalais, dirigés par le général Moinier et le colonel Mangin, écrasent les troupes de Ma el Aïnine (l'eau des yeux) et de son fils Moulay Sebaa (le Lion). Ils s'emparent de la vallée sainte de la Saguiet el Hamra. Le roman présente en alternance l'histoire des guerriers et des nomades, et l'histoire fictive de Lalla.

Teresa Di Scanno indique que « les événements historiques sont précisés par des dates en tête de certaines séquences, par les noms des chefs qui dirigent les opérations, par tous les noms des lieux et des régions, et par la localisation des batailles décisives » (*La vision du monde de Le Clézio* 103). Le livre s'ouvre sur: « Saguiet el Hamra, hiver 1909-1910 » (7). Il s'achève sur: « Agadir, 30 mars 1912 » (397). Les repères spatio-temporels sont même si précis dans *Désert* que Simone Domange écrit que ce roman « pourrait être d'abord un excellent manuel d'histoire et de géographie » (*Le Clézio ou la quête du désert* 18). On peut donc en conclure que les œuvres de Le Clézio présentent différentes perceptions du temps: linéaire et profane, cyclique et sacrée selon la conception d'Eliade. L'histoire d'Ananta est similaire: historique et cyclique.

La structure circulaire de certains romans établit néanmoins un rapport étroit avec la manifestation d'un temps cyclique. *Désert* s'ouvre et s'achève sur l'apparition et la disparition des Touaregs. Le temps cyclique est ici coordonné à la trace et à son effacement perpétuel. Le vent du désert fait disparaître l'empreinte des nomades. *Le chercheur d'or* commence et se termine sur le souvenir du bruit de la mer: « Du plus loin que je [Alexis] me souvienne, j'ai entendu la mer [...]. C'est ce bruit qui a bercé mon enfance » (incipit); « Il fait nuit à présent, j'entends jusqu'au fond de moi le bruit vivant de la mer qui arrive » (conclusion 375). Au début du roman, Alexis se souvient du bruit de la mer à Mananava (île Maurice) et retourne à la fin du récit dans le même lieu, où il entend à nouveau au fond de lui, la rumeur de la mer. La mer appartient à la fois au passé et au présent: « Du plus loin que je me souvienne, j'ai entendu la mer [...]. Je l'entends maintenant au plus profond de moi, je l'emporte partout où je vais » (incipit 11).

L'histoire d'Alexis s'étale sur une période de trente ans, entre 1892 et 1922. Le temps semble faire une boucle. Notons au passage l'importance du chiffre deux dans les dates mentionnées. Chevalier et Gheerbrant indiquent que, dans la culture iranienne notamment, ce chiffre est symbolique du jour et de la nuit, lesquels représentent « deux aspects de l'éternel retour du temps et du mouvement céleste » (*Dictionnaire des symboles* 351). Le flux et le reflux de la mer évoquent en outre le rythme du temps, qui va et qui vient, tel un mouvement de pendule. Dans *Le chercheur d'or*, la mer préfigure le retour des événements: « Ici, enfin, grâce à la mer, je retrouve le rythme, la couleur du rêve. Je sais que je dois retourner à Rodrigues. Cela est en moi, il faut que j'y aille » (309).

Telle « une personne humaine » qui « respire et qui bouge » (11), la mer constitue aussi, dans *Le chercheur d'or* et dans d'autres récits, un centre sacré d'où la lumière émerge: « [...] c'est de la mer que vient la lumière, une lumière aveuglante qui enivre » (56), « C'est de la mer que vient la lumière, du plus profond de sa couleur » (*Le chercheur d'or* 130). Dans *La quarantaine*, la lumière jaillit également de la mer : « L'eau du lagon est lisse, d'un bleu éclatant, comme si la lumière venait des fonds » (316), « Il n'y avait que l'océan, d'un bleu sombre, mouvant, rempli d'étincelles » (322). On trouve une description similaire dans *Voyage à Rodrigues*: « La mer presque jaune du crépuscule [...] où s'allument les étincelles du soleil [...] » (51). Signalons que Le Clézio a volontiers recours aux répétitions de termes, parfois de phrases complètes que l'on retrouve non seulement à l'intérieur d'un même récit, mais aussi à travers plusieurs œuvres. Ces formules consacrées, pour décrire notamment la mer ou la femme aimée, et qui reviennent comme un leitmotiv dans tous ses livres, jouent un rôle d'incantation. Le rythme cyclique de cette écriture en versets s'oppose à la linéarité traditionnelle du roman.

La mer représente le point de départ et l'aboutissement de la quête des héros, la découverte de l' « anima »: « Je suis tout près de l'endroit où le ciel rencontre la mer. N'est-ce pas le signe qu'a suivi le navire Argo, dans sa course vers l'éternité? » (*Le chercheur d'or* 172). Le narrateur de *Voyage à Rodrigues* perçoit la mer comme « le cœur de la spirale [...], le centre où il n'y a plus de centre » (*Voyages de l'autre côté* 307), c'est-à-dire le centre absolu du monde: « C'est cette mer là que mon grand-père a dû rêver, une mer qui est elle-même la substance du rêve: infinie, inconnaissable, monde où l'on se perd soi-même, où l'on devient autre » (50), « La mer, le seul lieu du monde où l'on puisse être loin, entouré de ses propres rêves, à la fois perdu et proche de soi-même » (51). La mer enfin, à travers son ressac et ses marées, évoque l'éternel retour. Nous viennent justement à l'esprit les vers de Paul Valéry qui font écho à la prose leclézienne: « La mer, la mer toujours recommencée! » (« Le cimetière marin »). La mer, en tant qu'espace sacré, abolit aussi le temps: « C'est un monde qui ressemble à celui de mon enfance, au Boucan, où régnait le bruit de la mer, comme si le Zeta voguait à l'envers sur la route qui abolit le temps » (149), « Mais la mer abolit le temps. Ces vagues de quel temps viennent-elles? [...]. Le vent ne vieillit pas, la mer n'a pas d'âge. Le soleil, le ciel sont éternels » (175), « Je crois que ce jour est sans fin, comme la mer » (*Le chercheur d'or* 243).

Le temps cyclique devient ce que Roussel-Gillet appelle un « troisième temps » qui signale « la suspension du temps » (49). Elle se réfère au *Chercheur d'or*: « C'est l'instant que j'aime le mieux quand tout est suspendu, comme une attente » (198). On retrouve la notion d'achronie (hors temps) dans *La quarantaine*: « Comme si nous étions en haut d'une falaise, au-dessus de la mer, des oiseaux, sans rien qui nous précède » (271), « [...] comme si j'étais entré dans une autre vie, perché sur un observatoire en dehors du temps » (291). Dans *Voyages de l'autre côté*, l'arrêt du temps provoque une confusion, tant au niveau des repères temporels que des comportements: « C'était maintenant, et c'était aussi autrefois, ailleurs » (304), « Oui, on attendait, et on n'attendait plus » (306). Ces échappées hors de la chronologie historique témoignent de la nostalgie du paradis, auquel les protagonistes aspirent à nouveau. Bien qu'imprégnés d'onirisme, d'idéalisme et de primitivisme, les romans lecléziens des années 1980 et 1990, s'inscrivent dans leur époque, aussi bien sur le plan esthétique que thématique. La récurrence des mythes primitifs et de création du monde chez Le Clézio n'exclut pas, comme nous le verrons, une implication dans la sphère sociopolitique et culturelle contemporaine.

CHAPITRE IV
MYTHE ET IDÉOLOGIE

1. Un écrivain altermondialiste.

Les récits lecléziens des années 1980 et 1990, dominés par le primitivisme et les mythes cosmogoniques, répondent toutefois à certaines préoccupations sociopolitiques contemporaines. « Par cette recherche d'un ailleurs, écrit Bruno Tritsmans, Le Clézio rejoint bien des penchants de notre époque (goût de l'évasion, nostalgie de l'harmonie primitive, etc.), et elle donne ainsi à son œuvre son apparente facilité » (*Livres de pierre* 73). Or, si les voyages vers des espaces primordiaux, tels les îles, les montagnes et les déserts, font rêver le lecteur du XXIe siècle, et correspondent aux aspirations de liberté et d'authenticité de notre époque, ils représentent aussi un vaste champ de réflexion sur les sociétés modernes, la place de l'homme dans le monde ainsi que sur notre rapport à l'autre, au temps et au sacré. La lisibilité de Le Clézio, à laquelle Tritsmans fait ci-dessus allusion, et qui a fait de lui un auteur « populaire », n'est pas incompatible avec les prises de positions sérieuses sur des sujets tout aussi sérieux. Si les récits mythiques de Le Clézio se distinguent manifestement d'un certain militantisme qui a marqué la mouvance postcoloniale, ils s'inscrivent pourtant aussi dans cette même mouvance. C'est donc aux concordances entre le discours postcolonial et les récits lecléziens que nous voudrions consacrer ce chapitre, pour nous focaliser davantage, en conclusion, sur le message de Le Clézio.

L'actualisation de schémas mythiques enrichit d'autre part le texte littéraire en l'enracinant dans un fonds culturel collectif. L'écriture des mythes primitifs chez Le Clézio correspond au désir de renouer le contact avec un monde vierge, où l'être humain plongé dans la réalité de la matière, pourrait tout inventer et tout recommencer. L'homme moderne, enfermé dans une société matérialiste et ultra-mécanisée, a besoin de retrouver le sens du sacré pour se recentrer et pour donner une signification à son existence. Daniel Mengara souligne par ailleurs l'évidente actualité de toute fiction littéraire:

> Toute littérature, toute fiction est nécessairement le reflet, dans une certaine mesure, des éléments socioculturels, historiques et socio-historiques inhérents à la société qui l'inspire. A ce titre, le romancier, en tant qu'individu, fait nécessairement partie d'une collectivité dont les traits psychologiques, culturels, historiques et sociaux sont partagés par tous les membres de la communauté. Dans un tel contexte, chaque individualité partage avec les autres ce que l'on pourrait appeler une mémoire collective. (*La représentation des groupes sociaux chez les romanciers* 251)

L'actualité politique, sociale et culturelle fait partie intégrante de l'œuvre leclézienne qui dénonce la guerre, le colonialisme, l'exclusion et les injustices de façon explicite et implicite. Le rôle du mythe chez Le Clézio est surtout d'allégoriser des situations et des personnages individuels pour en faire des symboles de communautés opprimées (l'immigrant, le colonisé etc.). Les personnages de Lalla (*Désert*), d'Ouma (*Le chercheur d'or*) et de Suryavati (*La quarantaine*) incarnent des manifestations du sacré dans un monde ségrégationniste et matérialiste :

> En dépit des apparences, Le Clézio n'écrit pas des livres paisibles, explique en outre Thibault. Au contraire, ses textes des années 1980 et des années 1990 sont engagés dans la réalité contemporaine: ils présentent des problèmes d'actualité et soulèvent de véritables questions de société. (« Marginalité et immigration clandestine chez Le Clézio » 43)

Le Clézio est bien « notre contemporain ». « Je pense être de mon temps [...]. Contrairement à ce que l'on semble croire, je suis très attentif à ce qui se passe autour de moi » déclare l'auteur cité par Marina Salles (*Le Clézio notre contemporain* 12). Cette dernière confirme ce point de vue:

> Ecrite sur les quarante dernières années du XXe siècle, son œuvre rappelle à peu près tous les grands événements qui ont ébranlé le siècle, mettant l'accent sur trois pôles essentiels: la guerre en tous ses états, les conséquences de la colonisation et, de manière plus hâtive, le débat sur l'aptitude des révolutions politiques à changer le monde. (26)

Ainsi, *Le chercheur d'or* (1985), *Etoile errante* (1992) et *Ritournelle de la faim* (2008) témoignent des conflits mondiaux du XXe siècle: la guerre de 1914-1918 pour le premier roman, et la guerre de 1940-1945 pour les deux autres. *La guerre* (1970) se rapporte au conflit au Viêt-Nam, tandis que *Le procès-verbal* (1963) fait référence à la guerre d'Algérie. *Révolutions* (2003) raconte surtout les violentes émeutes qui ont éclaté à Mexico dans les années 1960, ainsi que le retour des réfugiés d'Algérie à Nice au moment de l'indépendance et de la signature des accords d'Evian. *Onitsha* (1991) rappelle la guerre du Biafra, alors qu'*Etoile errante* et *Révolutions* relatent le conflit israélo-palestinien. *Désert* (1980) et *La quarantaine* (1995) évoquent les guerres de colonisation, le Maroc (le Sahara occidental) pour le premier, ainsi que les luttes ethniques, rappelant « sous couvert de nationalisme (celles) qui ont déchiré l'ex Yougoslavie » (Salles 27).

Dans les romans cités, Le Clézio propose « une vision anthropologique de la guerre comme un fléau universel inscrit dans la condition ontologique de l'homme » (Salles 28). Comme le remarque Marina Salles, l'écrivain choisit de montrer la guerre du côté des opprimés qui la subissent sans la comprendre.

Quoi qu'il en soit, Le Clézio a toujours le souci de restituer au plus près la vérité historique. *Le chercheur d'or* raconte l'engagement volontaire dans le corps expéditionnaire anglais de jeunes Rodriguais et Créoles, ce qui correspond à une réalité historique (pourtant peu mentionnée dans les livres d'histoire de France), même si le grand-père de Le Clézio, dont le roman narre les aventures réelles, n'a pas participé, aux dires de l'auteur, à la guerre de 1914-1918. Le romancier décrit les réalités sordides de la guerre en même temps qu'il dépeint la désillusion des volontaires venus de tous les horizons:

> Les hommes dans leurs capotes kaki, enveloppés d'embruns, ces volontaires venus des quatre coins du monde, pleins d'espoir, guettant à l'horizon la ligne sombre des côtes françaises [...]. Enterrés dans ces tranchées, le visage noirci de fumée, les habits en loques, raidis par la boue séchée, depuis des mois dans cette odeur de latrines et de mort [...]. Ensanglantés, en haillons, ils racontaient des histoires terrifiantes, les Allemands qui surgissaient sans cesse en hordes frénétiques et hurlantes, les combats à l'arme blanche, à la baïonnette, au poignard, les corps traînant au fil de l'eau, accrochés aux barbelés, pris dans les roseaux. (*Le chercheur d'or* 279-280)

L'écrivain, né pendant la Seconde Guerre Mondiale, et obligé de se réfugier avec sa mère dans l'arrière- pays niçois (Saint-Martin de Vésubie), a été marqué par les atrocités de la guerre dès son plus jeune âge. Le Clézio, interrogé par Frédéric Ferney sur TV5, dit: « Elle a fait plus que me frôler » (« Droit d'auteurs » 27 avril 2003), « inscrivant à jamais dans son corps des sensations violentes, poursuit Marina Salles: bruit des bombardements, vision d'impacts de balles sur les bâtiments, mort terrible de Mario dont on ne retrouvera qu'une « poignée de cheveux rouges » (*Etoile errante* 68) après qu'il eut sauté sur une mine » (*Le Clézio notre contemporain* 27). La guerre fait partie intégrante de l'histoire humaine proclame le romancier: « 10 000 ans d'histoire, 10 000 ans de guerre » (*La guerre* 122). Dans *Le rêve mexicain*

(1988), Le Clézio évoque une guerre de colonisation plus ancienne: la conquête violente de l'Amérique par les conquistadors et l'abolition de civilisations fascinantes (les Aztèques notamment). Dans la lignée de Sartre et de Camus, le rôle de l'écrivain, dit-il (cité par Salles), est de témoigner: « Comment oublier le monde? [...]. Le monde est dans votre cœur, alors sa douleur vous réveille de votre rêve » et ailleurs : « écrire, si ça sert à quelque chose, ce doit être à ça: à témoigner » (12). Le romancier n'a de cesse de lutter pour toutes les grandes causes de notre époque.

Or, l'engagement de Le Clézio a ceci de particulier qu'il est plus souvent implicite qu'à proprement parler militant. Il utilise le mythe comme symbole pour déplorer des situations critiques et opprimantes. Dans *Ourania* (2006), Le Clézio s'insurge contre la politique agraire du gouvernement mexicain qui maintient dans la misère les petits agriculteurs. Dans *Pawana* (1992), le romancier dénonce les pratiques de pêche industrielle, l'extermination des baleines et la destruction de l'écosystème marin. Il montre comment la logique mercantile de la modernité mène à l'appauvrissement du monde et à l'effacement des cultures minoritaires. *L'Africain* (2004), récit autobiographique dédié au père de l'auteur, attire l'attention du lecteur sur les plaies de l'Afrique contemporaine.

Dans *Poisson d'or* (1997) et *Désert* (1980), Le Clézio s'attaque aux problèmes de l'immigration clandestine, du racisme et de l'exclusion. Les recueils de nouvelles, *Mondo et autres histoires* (1978) et *La ronde et autres faits divers* (1982), soulèvent également les questions d'immigration clandestine et de marginalisation, de même que les problèmes de délinquance et de malaise dans les banlieues. On ne pourrait, en cela, être plus contemporain, dans la mesure où ces phénomènes de société occupent le centre des débats politiques et journalistiques de la France de cette époque. Mais l'originalité de Le Clézio consiste ici à transcender le concept classique de marginalité:

> D'une part il existe une marginalité imposée, négative, qui contraint l'immigré clandestin à quitter son pays d'origine et à tenter d'intégrer une nouvelle culture. D'autre part il existe une marginalité positive, activement recherchée, qui correspond à une ascèse spirituelle, à une initiation symbolique, à une quête du sacré. Cette seconde marginalité contredit l'insertion de l'immigré dans la société contemporaine et le conduit à se décentrer une seconde fois, par rapport à la culture qui l'accueille. (Thibault, « Marginalité et immigration clandestine chez Le Clézio » 44)

A cet égard, Bruno Thibault souligne que le personnage de Lalla, dans *Désert*, « incarne la nostalgie du sacré dans la société moderne, dans la France matérialiste et sécularisée des années 1980 » (45). L'intérêt des œuvres lecléziennes repose sur une vision non stéréotypée et non figée de l'immigré. *Désert*, *Poisson d'or* et *Mondo* remettent en cause la conception traditionnelle de l'identité basée sur les principes de communauté et d'Etat-nation, de droit du sol et du sang. Les personnages lecléziens sont présentés comme des citoyens du monde, constitués d'identités multiples. En rapport avec les théories du philosophe Jacques Derrida (*L'écriture et la différence*), les protagonistes sont des sujets multidimensionnels, toujours en devenir. Ils s'enrichissent au contact de différentes cultures et aspirent à diverses identités. Dans le sillage aussi de Léopold Sédar Senghor ou d'Edouard Glissant, Le Clézio revendique et valorise le métissage culturel.

Dans *La quarantaine*, Le Clézio présente l'image d'une marginalité assumée: le héros (Léon le Disparu) rompt volontairement avec son milieu d'origine, (la société coloniale de Maurice), pour vivre avec les parias de l'île Plate dont Surya (la femme aimée) fait partie. Il passe avec enthousiasme du groupe dominant au groupe dominé - il se déclasse et se découvre dans ce même geste d'adhésion à l'altérité. *Le procès-verbal*, premier roman de Le Clézio, publié en 1963, mettait déjà en scène un marginal, dénommé Adam Pollo (nom symbolique: Adam et Apollon), qui refusait la société moderne et ses dérives. A ce point de vue, Isa Van Acker souligne que la marginalité chez Le Clézio est toujours associée à l'errance:

> Même si elle est pleinement assumée comme telle, une vie en marge de la société se déroule *en dehors de*, mais en *se rapportant à* cette société. A cet égard, la marginalité apparaît en profondeur comme une figure du manque ou de la perte. (« Errance et marginalité » 69)

Dans presque toutes ses œuvres, Le Clézio manifeste une véritable compassion pour les exclus, les anonymes et les pauvres, auxquels il donne la parole. Dans *Le chercheur d'or*, il valorise le peuple des Manafs (anciens esclaves marrons d'origine africaine), auxquels appartient le jeune Sri (l'enfant pur) et sa demi-sœur Ouma, amante d'Alexis. Les Manafs sont fiers, sages, courageux et vertueux: ils sont indifférents aux richesses matérielles et méprisent l'or, « ils ne mentent jamais, ils ne font de mal à personne » (233). Dans *La quarantaine*, ce sont les parias (monde de Suryavati) de l'île Plate, Indiens pauvres et méprisés, qui sont valorisés. Ils sont présentés à travers leur dignité, leur connaissance de la nature et des sciences ésotériques. Dans ses œuvres plus récentes, Le Clézio s'intéresse aux petits paysans mexicains spoliés de leurs terres et aux prostituées de la vallée de Tepalcatepec (*Ourania*). Dans *Raga* (l'île de Pentecôte), l'écrivain exalte la pureté et la sagesse des peuples primitifs de l'Océanie.

Les engagements littéraires et humanistes de Le Clézio sont en fin de compte nombreux et divers: de la défense des opprimés, quelle que soit leur appartenance ethnique, en passant par la dénonciation des dictatures sous toutes leurs formes, jusqu'à la sauvegarde des patrimoines naturels et culturels menacés par le capitalisme et la mondialisation. Son œuvre est, selon Marina Salles :

> partie prenante d'un paysage culturel transformé par la culture de masse, les progrès de la technologie, les évolutions de l'épistémologie scientifique, le renouveau du religieux et la confrontation des imaginaires que favorisent les moyens de communication et le brassage des populations. (18)

Un autre aspect de l'engagement de l'auteur mérite d'être mentionné: il s'agit de son implication dans la Francophonie et la défense de la langue française à travers sa diversité. Revendiquant une langue française métissée, Le Clézio a signé récemment le manifeste « Pour une littérature-monde en français » (*Le Monde des Livres* 16 mars 2007), aux côtés d'autres personnalités littéraires représentant différents espaces francophones, comme Tahar Ben Jelloun, Edouard Glissant, Ananda Devi, Jean Rouaud, Alain Mabanckou etc. Bilingue en français et en anglais grâce à son héritage familial (mère française et père anglais), Le Clézio aurait pu s'exprimer indifféremment dans les deux langues. Mais il ne l'a pas fait, préférant à l'anglais la langue française:

> Ecrire en français, déclare-t-il, était pour moi plus qu'un choix esthétique, cela signifiait aussi choisir le côté des anciens colons de Maurice contre l'administration anglaise, et d'une certaine façon, le créole contre l'anglais officiel imposé par la montée de la population originaire de l'Inde. (*La Quinzaine Littéraire* 5)

En tant que membre du jury du Prix des Cinq Continents (comme représentant de l'île Maurice) de l'Agence Intergouvernementale de la Francophonie créée en 2001, Le Clézio considère la Francophonie comme:

> la chance inouïe pour la langue française de se maintenir dans le monde comme langue universelle [...]. Cette chance est née, poursuit-il, non de la littérature ou du pouvoir politique, ni même de la force industrielle, mais des vérités proclamées en 1789, de la proclamation de l'égalité et de la liberté du décret de la Convention abolissant l'esclavage, de la suppression des privilèges et de l'affirmation de la laïcité. (« Ranimer l'idéal de 89 » 24)

L'un des avantages de la langue française, rappelle-t-il plus loin, est de permettre à tous les peuples francophones réunis par le même idéal révolutionnaire de « communiquer entre eux directement » (24). Quant aux écrivains, qui pour des raisons politiques ou économiques, ont décidé de vivre en France, ils apportent, dit-il, leur « différence » et nourrissent « la littérature et la pensée française d'une sève nouvelle » (24). Hormis un idéal révolutionnaire quelque peu dépassé aujourd'hui, la création de la Francophonie a surtout favorisé l'expression de la diversité culturelle au sein de l'espace francophone. « La langue française est peut-être mon seul véritable pays » (Le Clézio, *Label France* 45), ces aveux constituent le plus bel hommage du romancier à sa langue natale, mais cet attachement, notons-le, se fonde sur des motivations entièrement différentes de celles qui animent la fierté nationaliste et xénophobe de l'extrême-droite française, qui projette de toutes autres valeurs dans la défense de la langue française.

En tant qu'écrivain et intellectuel, Le Clézio s'inscrit dans la mouvance des principaux mouvements littéraires et philosophiques de la seconde moitié du XXe siècle. Son œuvre abondante témoigne notamment des influences de l'Existentialisme, du Nouveau Roman et du Postmodernisme. La notion de littérature engagée, telle que Sartre et Camus la concevaient, trouve un retentissement dans une grande partie de ses œuvres. Le Clézio emprunte à la philosophie existentialiste « l'intentionnalité de la conscience, la conception de la liberté, le rapport à autrui, l'éthique humaniste » (Salles 258). Marina Salles écrit (257) qu'il considère Sartre « doublement un héros: d'abord parce qu'il a incarné ce siècle, souffert ce siècle, agi ce siècle; et aussi parce qu'il l'a exprimé » (Le Clézio, « L'homme exemplaire » 5). Mais avec l'apparition du Nouveau Roman, à la fin des années 1950, « la perspective historique s'estompe [...] dans le roman français des années 70 » (Salles 17). La recherche d'un nouveau langage littéraire (ou langue-vérité) l'emporte sur le politique. Le Nouveau Roman, promulgué par Sarraute (*L'Ere du soupçon*, 1956), Robbe-Grillet (*Pour un Nouveau Roman*, 1963), Ricardou (*Problèmes du Nouveau Roman*, 1967), Butor, Claude Simon etc. se caractérise par une critique du réalisme littéraire et rejette ainsi le modèle balzacien, basé essentiellement sur la description et la cohérence de l'intrigue.

> Le Nouveau Roman a sapé, d'après Marina Salles, les piliers du roman du XIXe siècle: cohérence et clôture de l'intrigue centrée sur un personnage principal, clarté de l'énonciation, effacement de l'auteur, hiérarchie entre les premiers plans et les fonds. (233)

Les premiers romans de Le Clézio reflètent l'influence de cette nouvelle recherche romanesque. Dans *Le procès-verbal*, comme le souligne Germaine Brée, « Le Clézio fait éclater la linéarité du texte, intercale des dessins, des pancartes, des poèmes et des pages de journaux afin de réduire la distance entre fiction et réalité » (11). Comme ses pairs, Le Clézio s'interroge sur les fondements et les enjeux de la littérature moderne, remettant en question le concept classique de « culture », ce que Pierre Bourdieu nomme la « sphère de production restreinte », pour s'intéresser à la culture de masse (importance de la photographie, de la paralittérature, de la sphère audiovisuelle). Mais désabusé par les aspects trop théoriques du Nouveau Roman, Le Clézio préférera prendre ses distances. Il avoue aussi s'être inspiré auparavant des écrivains anglo-saxons comme Auden, Salinger, Hemingway et Faulkner (Westerlund, « Le

Clézio » 4.1. Courants littéraires).

Le Nouveau Réalisme ou l'Ecole de Nice a également influencé, au début de sa carrière, le romancier qui signe le 27 octobre 1960 un manifeste minimaliste (Salles 165): « Nouveau Réalisme = nouvelles approches perceptives du réel ». A dix-huit ans, sous l'égide notamment de son professeur Jean Onimus, Le Clézio rejoindra « L'école de Nice » dont l'intention était de rompre avec « la dictature de l'abstrait » (Villeglé) qui « régissait le monde de l'art » (Salles 166). Il n'est donc pas surprenant, écrit Marina Salles :

> de retrouver dans l'écriture des premiers romans de Le Clézio les grandes lignes de force concernant le rapport au réel et à la modernité, le statut de l'œuvre d'art et du créateur qui rassemblent les artistes réunis sous le label Nouveau Réalisme malgré l'extrême diversité des pratiques et des sensibilités. (166)

L'intérêt de l'auteur pour le Nouveau Réalisme est tout à fait perceptible dans *L'Extase matérielle*: « Tout ce qui ne va pas dans le sens de l'adhésion au réel n'est que remâchonnement des théories usées, abstraction, décollement » (Salles 98).

Par sa méfiance cependant à l'égard des systèmes et de la modernité, Le Clézio demeure avant tout un écrivain postmoderne. Le postmodernisme, initié en France par Jean-François Lyotard (*La condition postmoderne*, 1979), révèle la crise du modernisme des écrivains et des artistes de la fin des années 1970 qui remettent en cause les valeurs et les idéaux modernes. Selon Lyotard, « on tient pour postmoderne, l'incrédulité à l'égard des métarécits » (7). Par « métarécits », on entend grands récits universalistes de la modernité qui font l'apologie des progrès de l'humanité sous l'impulsion du développement des sciences et de la technologie. Dans *Les Géants* (1973), Le Clézio écrit: « Ils sont du côté de la science, mais pour détruire, pour commander, pour médire » (128).

Les romans de Le Clézio témoignent de « l'inquiétude de l'avenir que suscitent les avancées de la science et le processus mal contrôlé de la mondialisation » (Salles 17). Le rejet des « approches globalisantes » a favorisé, chez les auteurs postmodernes, « le renouvellement de l'historiographie au profit de la « micro-histoire » qui s'attache non aux grands faits et aux actants de l'Histoire, mais à la vie quotidienne des anonymes » (Salles 17). A partir des années 1980, Le Clézio choisit de retracer l'Histoire à travers l'évocation de destins individuels, tout en privilégiant le récit autobiographique, à l'honneur au début de la décennie (*Le chercheur d'or*, *Voyage à Rodrigues*, *La quarantaine*, *Onitsha*). Les influences de Le Clézio ne se limitent pas au seul domaine littéraire puisque dans son dernier essai, *Ballaciner* (2007), formé du néologisme « ballade » et « ciné », il rend hommage au cinéma dont il est un grand amateur. Dans une interview donnée pour *Les Cahiers du Cinéma* (85) en 1966, il soulignait déjà le rôle capital du Septième Art dans sa création littéraire:

> Le cinéma, art du réel, m'a donné le goût de la réalité; il m'oblige en quelque sorte à composer un tableau mécaniste ou phénoménologique de l'homme plus que métaphysique. Il m'incite à chercher les fondements matériels à travers les sens (et principalement à travers la vision), plutôt qu'à concevoir dramatiquement. De là sans doute mon intérêt pour tout ce qui est événement, objet, spectacle (et je pense à l'influence capitale du cinéma-vérité) au détriment de tout ce qui est psychologie traditionnelle, à la manière du roman classique. (Salles 35)

L'engagement de l'homme et de l'écrivain dans la vie politique, culturelle et intellectuelle de son temps est, comme nous l'avons montré, indéniable. Cartano, cité par Westerlund, écrit que « Le Clézio oscille entre le Nouveau Roman selon Robbe-Grillet et la tradition visionnaire dans l'esprit de Blake et de Lautréamont ». Il avance le terme « métaphysique-fiction », à cause de son goût pour l'écriture à l'état brut, qui va jusqu' au refus des genres (Westerlund, « Le Clézio » 5. Technique narrative). Germaine Brée note que « Le Clézio a subi l'influence d'innombrables systèmes de pensée, surtout pendant ses voyages. Derrière ses textes on entrevoit *un syncrétisme mythique* dans une lutte entre une explication rationnelle, scientifique du monde, et sa correspondance mystique, basée sur l'expérience de la vie et les conteurs anciens » (*Le monde fabuleux de J. M. G. Le Clézio* 102). Aux grands maux des XXe et XXIe siècles, Le Clézio oppose une vision du monde régénérée par la conscience du divers et l'écriture du mythe.

Les mythes primitifs, en particulier les mythes cosmogoniques, invitent le lecteur à renouer avec la pureté, la puissance poétique et la magie des origines. Selon Johnson, cité par Westerlund, Le Clézio guide le lecteur vers un « univers primitif de réception spontanée » (« Le Clézio » 3.3. Langue réalité). Complice des personnages, le lecteur rêve de refaire le monde, même s'il sait pertinemment que son entreprise est utopique. Cette quête de l'harmonie primordiale donne un sens à son existence tout en abolissant le temps profane et l'histoire tragique de l'humanité, car « Les vraies vies n'ont pas de fin » (*Le Livre des fuites* 285). Le lecteur redécouvre la valeur des mots, le primitivisme sacré et l'importance de la spiritualité. Les revendications de l'auteur, « Je veux écrire pour une vie nouvelle » (*L'inconnu sur la terre* 313), trouvent ici leur plein écho. Par l'écriture du mythe, Le Clézio vise aussi l'expression d'un langage et d'une pensée universels. Le voyage initiatique du héros leclézien est finalement étroitement lié à la quête identitaire, qui « passe par le divers de la relation » (Leroy 99). La recherche de l'altérité, fondamentale chez Le Clézio, s'inscrit dans « une contre-écriture de la colonisation » (Thibault, « La métaphore exotique chez Le Clézio » 846), laquelle implique un processus de transformation ainsi que l'abolition de l'ego.

2. « L'idéal indigéniste ».

Les protagonistes des romans mauriciens sont des marginaux typiques qui rejettent la modernité européenne pour se convertir à la pensée primitive. Alexis se tourne vers le monde magique d'Ouma et des Manafs (*Le chercheur d'or*) au mépris de l'oncle Ludovic, colon riche et cruel. Léon le Disparu (*La quarantaine*) s'écarte progressivement de son frère Jacques, de sa belle-sœur Suzanne et de tout le clan Archambau pour se rapprocher de Surya et des parias. « L'amour pour Surya et le refus des hiérarchies conduisent Léon à renoncer au retour sur l'île Maurice et à revendiquer sa nouvelle marginalité de la façon la plus radicale qui soit: par la disparition » (Van Acker 74). Bruno Thibault indique que l'île Plate dans *La quarantaine* représente:

> un microcosme colonial, divisé par une frontière invisible: d'un côté dans les bâtiments de la quarantaine une poignée d'Européens, de l'autre le village des Palissades où se regroupent de nombreuses familles indiennes. Il ajoute que l'épidémie et la terreur de la contagion [...] exacerbent les rivalités et les tensions raciales non seulement entre Occidentaux et Orientaux mais aussi à l'intérieur des diverses communautés indiennes. (« La métaphore exotique chez Le Clézio » 853-54)

Dans un tel contexte, les anti-héros leccléziens adoptent une position contraire à l'idéologie du colon qui se croit investi d'une mission civilisatrice. Ils démystifient non seulement le logocentrisme occidental et la présomption d'une supériorité culturelle qui sous-tend l'entreprise coloniale, mais ils projettent au premier plan la culture du colonisé. *Le chercheur d'or* et *La quarantaine* célèbrent la grandeur des sociétés archaïques africaines et indiennes (ici de l'Inde) en soulignant la richesse de leurs mythes. Ces récits mythiques témoignent de l'importance de la quête de l'altérité et des valeurs humanistes chez Le Clézio. L'écrivain est fasciné par la profondeur des mythes amérindiens (*Le rêve mexicain*), indiens (*La quarantaine*), africains (*Onitsha*) et polynésiens (*Raga*). Les ethnies qu'il découvre au Panama lors de ses voyages représentent, selon lui, les dernières « vraies » valeurs:

> C'est, dit-il, la possibilité de vivre avec les derniers hommes libres. C'est une expérience qu'il faut faire pendant qu'elle peut encore être faite. En Europe, nous sommes des esclaves, nous vivons des vies d'esclaves dans un monde d'esclaves. Les Indiens de la jungle panaméenne, eux, vivent encore librement. Ils savent des choses que savaient les hommes libres. (Lhoste, *Conversations* 109)

Dans *Le rêve mexicain*, Le Clézio montre la sagesse et l'influence bénéfique des peuples amérindiens sur les sociétés occidentales contemporaines. Il souligne en même temps tout ce que les hommes modernes ont perdu et doivent retrouver s'ils veulent garder un équilibre entre les forces naturelles et les progrès techniques:

> Les peuples indiens continuent à nous donner l'image d'une fidélité absolue aux principes de liberté, de solidarité et de rêve des anciennes civilisations préhispaniques. Ils continuent d'être les gardiens de « notre mère la terre », les observateurs des lois de la nature et du cycle du temps. (273)

Dans ses œuvres des années 1980-90, Le Clézio se réfère aux mythes primitifs moins pour faire le procès du colonialisme que pour rendre compte de l'universalité et de la spiritualité de ces récits sacrés qui se rapportent aux origines de l'univers. Même si le romancier n'épargne pas la société coloniale de Maurice, il la critique de façon plus subtile en lui opposant la magie des mythes primordiaux. Par ses discours de résistance au fait colonial, Le Clézio s'inscrit néanmoins dans un courant de pensée post-colonialiste:

> Ils étaient devenus sourds et aveugles, les membres distingués du parti des planteurs, les adeptes de la Synarchie qui écrivaient dans la feuille d'Alexandre Archambau sous le titre pompeux et vide de « Ordre, Force et Progrès. » (*La quarantaine* 455)

Onitsha jette un regard plus acerbe sur la société coloniale:

> A Onitsha elle [Maou] avait trouvé cette société de fonctionnaires sentencieux et ennuyeux, habillés de costumes ridicules et coiffés de casques qui passaient leur temps à bridger, à boire et à s'espionner, et leurs épouses, engoncées dans leurs principes respectables, comptant leurs sous et parlant durement à leurs bonnes, en attendant le billet de retour vers l'Angleterre. (147)

Dans la lignée de Fanon (*Les damnés de la terre*), de Memmi (*Portrait du colonisé et du décolonisé*), de Saïd (*Orientalism*) et de Spivak (*Subaltern Studies*), Le Clézio propose une relecture du rapport colonisé /colonisateur. Il remet en cause l'autorité coloniale et néocoloniale ainsi que l'eurocentrisme ou la construction de l'Orient par la pensée occidentale, telle que la présente Saïd. La démystification de la science et des canons de la culture européenne au profit de la psyché primitive conduit les protagonistes lecléziens vers une métamorphose totale, tant sur le plan psychique que physique: « Tu devrais faire attention, dit Suzanne [...]. Tu es noir comme un gitan, personne ne voudra croire que tu es un Archambau » (*La quarantaine* 94); « J'ai été étonné du changement. Ma peau est noircie par le soleil, mes cheveux sont une crinière sombre. » (327); « Alors je suis devenu Léon, celui qui disparaît, celui qui tourne le dos au monde, dans l'espoir de revenir un jour et de jouir de la ruine de ceux qui l'ont banni [...]. Je reviendrai, et ce ne sera pas pour posséder la fortune des sucriers, ni la terre » (457). Alexis a le sentiment de venir « d'un autre monde, d'un autre temps » (*Le chercheur d'or* 246). Son apparence n'est pas non plus celle d'un Européen, fils de colon: « Sans chapeau, les cheveux et la barbe longs comme un naufragé, le visage brûlé de soleil [...] j'aurais été la risée des gens de Rempart Street à Port-Louis. Mais, ici, à Rodrigues on est moins difficile [...] » (246). Les ambitions d'Alexis ont changé, il a renoncé à la quête de l'or et à ses rêves de richesse pour vivre au rythme de la nature et dans la plus grande simplicité avec Ouma, une jeune indigène:

> Autrefois [...]. J'étais pris dans un leurre. Aujourd'hui, je suis libéré d'un poids, je peux vivre libre, respirer. A nouveau, comme avec Ouma, je peux marcher, nager, plonger dans l'eau du lagon pour pêcher les oursins. (336)

L'aventure du chercheur d'or se transforme en aventure intérieure. Le refus des valeurs matérialistes et de la pseudo-supériorité scientifique et intellectuelle de l'empire colonial européen est tout à fait manifeste dans *La quarantaine* et *Le chercheur d'or*. La rencontre avec l'autre, le colonisé, en l'occurrence « l'Eve primitive », entraîne la disparition de l'être social et le questionnement identitaire. Alexis et Léon se « déconstruisent » pour se trouver grâce à l'autre. « Prendre le chemin de l'autre permet de revenir à soi, de sortir du rêve éveillé » déclare Isabelle Gillet (66). Le Clézio écrit qu'« être, c'est être soi par l'autre » (*L'Extase matérielle* 94). Les protagonistes préfèrent fuir leur milieu d'origine, c'est-à-dire la société coloniale de l'île Maurice, élitiste et prétentieuse, pour suivre les traces et les enseignements de sages indigènes qui jouent le rôle de médiateurs: « Maintenant je [Léon] n'appartiens plus à son monde [celui de son frère Jacques], je suis du monde de Surya, du côté des palissades », « Je me suis lavé de toute mémoire, [...] il ne reste plus rien en moi du grand moune (blanc) que j'étais [...] je me suis défait du nom des Archambau. Maintenant je porte les insignes de ma nouvelle vie [...]. Mon regard est neuf. Je ne reviendrai jamais celui que j'étais [...] » (*La quarantaine* 182). Et Alexis de dire, dans *Le chercheur d'or* :

> C'est ainsi que je prends la décision de tout abandonner, de tout jeter hors de moi. Ouma m'a montré ce que je dois faire, elle me l'a dit, à sa façon, sans parole, simplement en apparaissant devant moi comme un mirage, parmi tous ces gens qui viennent travailler sur ces terres qui ne seront jamais à eux. (*Le chercheur d'or* 348)

On assiste ici à un renversement de situation: ce ne sont plus les colonisateurs qui éduquent les colonisés mais les colonisés qui inculquent leur savoir aux héros d'origine européenne. Alexis et Léon se désintègrent pour « réintégrer le monde, redécouvrir la Matière » (Roussel-Gillet 66). Alexis enfant est initié aux secrets de la nature par Denis, un jeune noir de Maurice, dont il admire les connaissances de la faune et de la flore:

> J'aime Denis, il sait tant de choses à propos des arbres, de l'eau, de la mer. Tout ce qu'il sait, il l'a appris de son grand-père, et de sa grand-mère aussi, une vieille Noire qui habite les Cases Noyale. Il connait le nom de tous les poissons, de tous les insectes, il connaît toutes les plantes qu'on peut manger dans la forêt, tous les fruits sauvages, il est capable de reconnaître les arbres rien qu'à leur odeur, ou bien en mâchonnant un bout de leur écorce. Il sait tellement de choses qu'on ne s'ennuie jamais avec lui [...]. Ferdinand l'appelle Vendredi, pour se moquer de nous, et moi, il m'a surnommé l'homme des bois. (*Le chercheur d'or* 17)

Les leçons de Denis qui « sont les plus belles » (38) rappellent également celles de Bony au jeune Fintan dans *Onitsha*. Elles ont aussi préparé la rencontre d'Alexis avec Ouma. La jeune métisse d'origine indienne et africaine, dont le nom renvoie à la totalité, offre à la fois l'image du désir et du mystère. Elle apprend à Alexis à pêcher, à dissimuler ses traces, à allumer un feu, à survivre enfin dans un milieu hostile. Elle lui enseigne également le mépris de l'or. Grâce à elle, il découvre l'amour, les merveilles de la nature ainsi qu'une nouvelle mesure du temps:

> Comment ai-je osé vivre sans prendre garde à ce qui m'entourait, ne cherchant ici que l'or, pour m'enfuir quand je l'aurai trouvé ? Ces coups de sonde dans la terre, ces travaux de déplacement de rochers, tout cela était une profanation [...]. Maintenant, dans la solitude et l'abandon, je comprends, je vois [...]. Je ne pensais pas qu'il y avait autre chose à prendre, dans cette vallée âpre, je n'imaginais pas que cette fille sauvage et étrange connaissait le secret. (232-33)

Dans *La quarantaine*, c'est Suryavati, jeune Indienne métissée, qui joue le rôle d'éducatrice. Bien qu'issue d'une classe sociale inférieure dans le système des castes indien, la jeune paria brille d'une aura particulière. Elle éblouit le jeune Européen, Léon Archambau, par sa beauté extraordinaire et par ses connaissances de la nature et de l'ésotérisme: « Son front très droit [...] semble plein d'une connaissance mystérieuse » (219). Surya initie le héros à la pêche au harpon, aux secrets des plantes médicinales et aux rites de crémation: « Je suis un serviteur des bûchers » (195), dit Léon avec fierté. Elle lui enseigne également la sagesse des divinités hindoues, les histoires mythiques de Yama et de sa sœur la Yamuna, le culte des morts, les rites de passage et les gestes sacrés de l'amour.

Comme une déesse, elle est « née des vagues » (99) et semble marcher sur l'eau. Assimilée à l'île, Surya évoque les quatre éléments: « L'amour de Surya est ardent comme le soleil, lent et fort comme la mer, vrai comme le vent [...]. Elle me serre au centre de son ventre, et les pierres, et les courants du lagon nous serrent » (376-77). L'union avec la déesse-femme est une osmose avec la création:

> Je ne suis plus seul, je suis aussi en Surya, elle est moi et je suis elle [...]. Et nous sommes aussi la peau noire de l'île et le vent, et la mer, et l'esprit des oiseaux qui guettent le premier rayon du soleil. (377)

Les désirs qu'elle inspire sont si forts qu'ils font oublier le temps: « Et puis soudain il y a cet éclat, comme si le cœur s'arrêtait, et que le temps mourait » (378). Elle seule est capable de procurer une joie ineffable à travers la communion des corps et des esprits: « Jamais, je n'ai ressenti un tel bonheur. Il n'y a plus rien de sensé, plus rien de rêvé » (376). Surya insuffle la vie et ôte la peur de la mort: « Sur ses lèvres, je bois la vie, je respire son souffle, je prends la chaleur de ses mains [...]. Tout à coup je n'ai plus peur de ce qui doit venir. J'ai le goût de la cendre des bûchers sur mes lèvres, le goût du sel éternel » (377), « La mort n'était rien, juste le souffle de la déesse froide qui passe sur l'île » (278). Initiés aux secrets du monde par des êtres appartenant à des sociétés archaïques, les personnages européens découvrent le bonheur et la liberté: « Maintenant je [Léon] comprends bien que nous ne sommes retenus ici que par nous-mêmes [...]. C'est notre propre peur qui nous retient sur ce rocher, qui nous isole » (*La quarantaine* 216). Léon apprend ainsi à dépasser ses propres limites pour entrer dans une autre forme de pensée.

Le réquisitoire contre le colonialisme chez Le Clézio est nuancé par la réflexion sur l'altérité qui constitue une des préoccupations essentielles de l'anthropologie moderne. L'altérité concerne la relation à autrui et en particulier ici la rencontre interculturelle, source de richesse mutuelle et de progrès. Selon Claude Cavallero :

> cette mise en cause des idées de progrès continu de l'humanité et de suprématie d'une civilisation sur une autre accompagne l'évolution conceptuelle qu'a connue l'anthropologie au cours du vingtième siècle, et qui s'est traduite par un réaménagement des relations interculturelles, lors des décolonisations notamment. (« Le Clézio ou l'Ecriture transitive » 19)

Au mythe du bon sauvage véhiculé par les différentes vagues de colonisation, Le Clézio substitue les apports sur les plans esthétique et spirituel des sociétés pré-modernes. Dans une démarche anthropologique et ethnologique moderne, l'écrivain voyage, observe et partage la vie des Indiens du Mexique, du Panama. Il découvre l'art brut, la richesse des mythes cosmogoniques, une nouvelle philosophie composée de rituels sacrés et d'exorcismes. « Il évoque en particulier l'aspect pratique des objets d'art, le caractère magique du chant et du dessin amérindiens » (Cavallero 20). Cavallero mentionne aussi l'attirance de Le Clézio pour « l'importance des sensations et de l'implication du corps comme matière dans l'espace [...], *parcelle de l'univers* » (21). Sa fascination pour l'expérience sensuelle est manifeste dans les œuvres africaines, notamment dans *L'Africain*: « L'Afrique c'est plutôt le corps que le visage [...]. C'était la violence des sensations, la violence des appétits, la violence des saisons » (13), « C'était la liberté totale du corps et de l'esprit » (16). La découverte et la valorisation de cultures éloignées dans le temps et dans l'espace permettent, d'après Le Clézio, d'approfondir notre connaissance du monde et de la culture occidentale: « La rencontre avec le monde indien n'est plus un luxe aujourd'hui, c'est devenu une nécessité pour qui veut comprendre ce qui se passe dans le monde moderne » (*Haï* 11). Malgré tout l'intérêt que comporte cette réflexion, chère déjà à Antonin Artaud, Cavallero relève une certaine ambiguïté relative d'une part à l'idée de suprématie de la civilisation indienne et relative d'autre part en la croyance en un état mythique commun à toutes les sociétés. Lhoste, cité par Cavallero, souligne le préjugé ethnocentrique de Le Clézio qui consiste à surévaluer la culture amérindienne par rapport à la culture occidentale et aussi à idéaliser le monde amérindien en en gommant la violence intrinsèque – des guerres, des sacrifices, et des rapports de vassalité etc. Ce renversement des valeurs est dû à la fascination du romancier pour la culture amérindienne et à son sentiment de culpabilité. En tant que fils et petit-fils de colons, et héritier d'une longue tradition coloniale, Le Clézio, comme beaucoup d'intellectuels européens, se sent coupable de la violence infligée par l'homme blanc en Afrique, en Amérique, en Asie. A propos de la sortie de son roman *Onitsha*, Le Clézio déclare: « Je ne me suis pas senti innocent, par exemple, d'avoir été un citoyen britannique dans un pays colonisé [...]. On est tous responsable et nous portons une culpabilité tant sur le plan moral que politique » (Assouline 50).

Il faut cependant relativiser le complexe de Le Clézio par rapport au fait colonial en raison du comportement positif de son environnement familial. Son ancêtre, François Le Clézio, malgré l'ambivalence des Créoles blancs vis-à-vis de l'esclavage au XVIIIe siècle, s'était révolté contre les injustices et la cruauté des traitements exercées à l'encontre des Mauriciens. Ses aïeux, qui s'étaient enrichis grâce à l'exploitation de la canne à sucre à Maurice, ont connu au XIXe siècle un revers de fortune les contraignant à vivre dans la plus grande simplicité. Son père, dont il raconte les aventures dans *L'Africain*, a exercé le métier de médecin pendant vingt-cinq ans en Afrique (au Nigéria notamment) se mettant au service des populations les plus déshéritées et cultivant « la haine profonde du colonialisme » (*L'Africain* 95). Le Clézio raconte qu'après son retour en France, son père a conservé « ses manières africaines qui étaient devenues sa seconde nature » (*L'Africain* 95).

Les œuvres enfin des cycles amérindien, africain, maghrébin et mauricien témoignent presque toutes du mépris de la colonisation. Dans *Le rêve mexicain*, *Onitsha*, *L'Africain*, *Désert*, *Le chercheur d'or* ou *La quarantaine*, Le Clézio dénonce la rapacité des Occidentaux et leur irrespect pour les peuples colonisés: « Que peut son regard d'animal traqué contre ceux qui spéculent, qui convoitent les terres, les villes, contre ceux qui veulent la richesse que promet la misère de ce peuple? » (*Désert* 354); « Au monde fantastique, magique et cruel des Aztèques, des Mayas, des Purepecha, va succéder ce qu'on appelle la civilisation: l'esclavage, l'or, l'exploitation des terres et des hommes, tout ce qui annonce l'ère industrielle » (*Le rêve mexicain* 54). Le Clézio n'adopte pas un point de vue naïf puisqu'il admet la cruauté de certaines coutumes autochtones, mais à la suite de Montaigne, il souligne la plus grande barbarie occidentale:

> Dans cet affrontement entre l'Amérique et l'Occident, entre les dieux et l'or, on aperçoit bien où est le civilisé, où est le barbare. Malgré les sacrifices sanglants, malgré l'anthropophagie rituelle, malgré la structure tyrannique de cette théocratie, il n'y a pas de doute que ce sont les Aztèques – comme les Mayas ou les Tarasques – qui détiennent la civilisation. (*Le rêve mexicain* 38)

« Quant à la dévotion, observance des lois, bonté, libéralité, loyauté, franchise, écrivait avec ironie Montaigne au XVIe siècle, il nous a bien servi de n'en avoir pas tant qu'eux; ils se sont perdus par cet avantage, et vendus, et trahis eux-mêmes » (*Les Essais* Livre III « Des coches »). Les propos catégoriques de Montaigne et de Le Clézio ont sans doute irrité certains historiens et ethnologues choqués par la violence des rituels amérindiens. Comme Franz Fanon, qui déplorait l'ignorance et le mépris des colonisateurs pour les cultures indigènes, Le Clézio s'insurge d'autre part contre l'indifférence ou l'intolérance des Européens à l'égard des populations primitives. Les livres de Le Clézio, observe Marina Salles, offrent plusieurs exemples de dénégation de l'Autre dans le cadre de la société coloniale: préjugés racistes, mépris pour la langue, ségrégation entre les communautés et certaines formes d'indigénisme. (80)

Selon Marina Salles, les propos de Le Clézio reflètent les observations de Fanon qui écrit dans *Les Damnés de la terre*: « Les coutumes du colonisé, ses traditions, ses mythes, surtout ses mythes, sont la marque même de cette indigence, de cette dépravation culturelle » (45). Dans *Le rêve mexicain*, qui évoque la destruction des Aztèques par les troupes de Cortès, Le Clézio déclare: « L'humanisme naissant de l'Europe du XVIe siècle ne pouvait pas reconnaître la vertu magique du rituel [des sacrifices humains], sa cruauté magique » (82).

Si, dans *Le rêve mexicain*, Le Clézio admet la violence de certains rituels amérindiens comme les sacrifices humains et l'anthropophagie, il les relie cependant à la recherche du sacré et aux croyances des anciens Mexicains. Dans *Le rêve mexicain*, Le Clézio affirme que le barbare n'est pas immoral car il se place au-delà de la morale, dans une sorte de pureté originelle, « aux sources légendaires de la vie » (153). Les Amérindiens, bien que cruels, étaient avant tout, dit-il, des hommes « libres » et « fiers » (213), respectueux de l'environnement. L'attirance de Le Clézio pour le primitivisme en général ne le fait pourtant pas basculer dans un indigénisme naïf. Comme l'indique Marina Salles, « il refuse avec vigueur la qualification d'« exotique » quelquefois appliquée à sa littérature » (83). Dans une interview pour *Télérama* en 1999, il considère l'exotisme comme « une plaie contemporaine » (« Ailleurs au monde »). Dans plusieurs de ses romans, il montre comment les personnages européens se débarrassent progressivement de leurs clichés exotiques. Dans *Onitsha* par exemple, Maou, la mère du jeune Fintan (porte-parole de l'auteur), oublie peu à peu, face aux réalités de l'Afrique, l'image de carte postale qu'elle avait du Nigéria « pour apprendre à vivre au quotidien dans un pays dont la violence la fascine et l'effraie à la fois, au milieu d'indigènes qui gardent leur mystère, et ce, contre le conformisme ségrégationniste du milieu colonial » (Salles 88). L'idéal de l'écrivain réside dans son désir de complétude qu'il cherche à réaliser dans l'échange authentique avec l'Autre. Il présente l'étranger comme un « autre moi-même » (Thibault, « Immigration et Individuation » 370). Nous retiendrons ici les remarques pertinentes de Marina salles:

> En portant à la connaissance de ses contemporains les rites et les mythes de ces peuples oubliés, l'auteur cherche moins ce par quoi ils diffèrent de nous (démarche exotique et relativiste) que les valeurs universelles dont ils sont porteurs, ce qu'ils pourraient encore apprendre à l'homme d'aujourd'hui et de demain. (94)

L'œuvre de Le Clézio nous invite à repenser les valeurs occidentales à travers l'approche de civilisations pré-modernes qui ont gardé une vision mythique et sacrée du monde. L'étude de sa réception nous permettra de mieux saisir l'impact réel de sa philosophie, à la fois proche et éloignée des concepts d'Eliade relatifs au primitivisme. Le Clézio s'inscrit indéniablement dans un courant de pensée postcolonial, réfractaire aux idéologies politiques traditionnelles. Comme nous l'avons déjà mentionné, les théories d'Eliade sur les sociétés archaïques et leur dimension religieuse ne sont pas exemptes d'un soupçon idéologique se rapportant aux politiques d'extrême-droite des années 1930-40 en Europe. L'historien des religions a en effet été lié au mouvement fasciste roumain, « La Garde de Fer ».

3. Le Clézio, Eliade et la critique.

L'œuvre de Le Clézio se distingue par son éclectisme et sa dimension multiculturelle. Difficilement classable, elle touche un lectorat vaste et divers. Ses livres, à vocation universelle, sont traduits dans plusieurs langues et ont déjà fait l'objet de nombreuses études et thèses universitaires. Sa production littéraire, régulière et abondante, englobe aussi bien le roman, la nouvelle, le récit autobiographique que le conte pour enfants, la fable, l'essai et l'analyse critique (Lautréamont, Michaux, Artaud). Récompensée par les plus hautes distinctions, son œuvre, malgré des influences évidentes et revendiquées, a su garder son autonomie. Encensée par une majorité de lecteurs, boudée par une certaine tendance critique, la littérature leclézienne, entre populisme et élitisme, continue à intriguer. En termes institutionnels, elle se situe étrangement au carrefour de la sphère de production restreinte (la littérature d'avant-garde, la littérature pour les écrivains) et la sphère de consommation massive (production abondante, lectorat important, lisibilité).

Mircea Eliade, dont Le Clézio s'inspire indirectement, a acquis une réputation internationale. Son œuvre prolifique, consacrée à l'étude des religions et des mythologies, a servi de référence à de nombreux chercheurs. Son érudition et sa méthode, incontestées tout au long du vingtième siècle, ont récemment été remises en question. Les liens de jeunesse de l'historien roumain avec le nazisme sont aujourd'hui révélés au grand jour et ses essais font l'objet d'une nouvelle interprétation. Dans la dernière partie de cette thèse, nous nous proposons d'analyser la réception de l'œuvre leclézienne, à laquelle nous relierons la production controversée d'Eliade.

Le Clézio a souvent été qualifié, selon les sources de Westerlund, de panthéiste, d'animiste, de pseudo-animiste et de matérialiste. Coenen-Mennemeier préfère parler d'une « mosaïque de pensées » (« Le Clézio » 4.2. Systèmes de pensée), ce qui nous semble davantage correspondre au profil de l'écrivain. L'univers leclézien est riche en matière de références culturelles et comme le dit, à juste titre Marina Salles, le lecteur est « fortement sollicité par une écriture qui met à l'épreuve ses compétences linguistiques, culturelles, intertextuelles, littéraires, voire sa mémoire et sa capacité d'adaptation » (287). Or la question de la facilité ou de la difficulté de l'écriture de Le Clézio reste, selon Marina Salles, très relative. La critique demeure en effet partagée: Maurice Nadeau (*Le roman français au XXe siècle* 223) trouve sa lecture « aisée » et Madeleine Borgomano déclare, d'après les sources de Salles, l'écriture de *Désert* simple et abordable pour des enfants (288). En revanche,

Germaine Brée, citée par Salles, considère que « les livres de Le Clézio ne sont pas d'un abord facile et dans son ensemble son œuvre a toujours été difficile à cerner » (10). Nous partageons ce dernier point de vue. Alain Viala, cité également par Salles, suite à son étude de *La Ronde et autres faits divers*, évoque « un lecteur modèle » qui « [...] doit être nanti d'un capital culturel élevé, et le mettre en jeu » (283). Certains critiques, tels Michèle Labbé-Evanno, établissent une différence entre les livres de la première partie et ceux plus récents jugés « moins complexes à la lecture en raison d'une facture romanesque plus traditionnelle » (*L'écart romanesque* 234). En ce qui concerne l'approche linguistique de l'œuvre leclézienne, Marina Salles écrit:

> S'il est vrai que les livres de Le Clézio ne présentent pas de difficultés lexicales ou syntaxiques importantes, l'auteur manifeste malgré tout un goût pour lcs mots rarcs, mots sortis du dictionnaire, non encore appauvris par un usage immodéré, pour un vocabulaire technique ou spécialisé qui peut dérouter certains lecteurs: on songe en particulier à tous ces termes de botanique qu'aligne John Metcalfe dans son journal (*La quarantaine*), aux termes de construction navale dans *Hasard*, aux noms des divinités aztèques qui ponctuent la biographie de *Diego et Frida*, à ces listes de noms propres, de noms de villes (*L'Extase matérielle*) ou de constellations (*Le chercheur d'or*), énoncés pour leurs sonorités magiques et qui stimulent l'imaginaire du lecteur... ou découragent. (288)

Le lecteur peut aussi être attiré ou déboussolé par l'étendue des références culturelles dans les œuvres de Le Clézio. Bien que les thématiques de l'auteur séduisent en général, ses livres s'ouvrent sur des horizons culturels très variés et parfois très éloignés qui exigent « soit de solides connaissances, soit une bonne documentation » (Salles 289). Jean Onimus, cité par Salles, déclare: « [...] pour bien lire Le Clézio, il faut disposer d'un atlas, d'une flore mondiale, de bons livres sur les Mascareignes, sur l'Afrique, en particulier sur le Maroc, et sur le Mexique » (172). Comme le souligne, à juste titre Marina Salles, le corpus leclézien sollicite la curiosité et les compétences du lecteur. Sa compréhension suppose des lectures préalables sur « des civilisations disparues ou lointaines » et « des épisodes historiques mal connus » (Salles 289). Le risque de la réception est double:

> Soit la déstabilisation d'un lecteur privé de ses repères habituels, soit une perception strictement dépaysante et exotique qui induit un contresens. [...] la confrontation avec d'autres modes d'être et de penser n'a pas pour but de conforter le lecteur dans le sentiment de sa supériorité ou de susciter une curiosité condescendante, mais de l'amener à remettre en cause les valeurs sur lesquelles il fonde son rapport à l'environnement et son image de l'autre. Un vaste répertoire qui mêle cultures savante et populaire élargit le champ de compétences exigées du lecteur, confronté tantôt aux mythes grecs, amérindiens, tantôt aux « mythologies » des nouvelles tribus urbaines. Une intertextualité riche, rarement exhibée en citations repérables, mais fondue dans les textes qu'elle sustente, introduit une surdétermination qui rend la lecture complexe en multipliant les niveaux de signification. (Salles 289)

Les fins ouvertes qui caractérisent bon nombre de récits lecléziens laissent néanmoins au lecteur une certaine liberté d'interprétation. Le Clézio affectionne les reprises thématiques et lexicales qui assurent à ses textes une forme de continuité et offrent au lecteur « le plaisir tout affectif de retrouver un monde connu » (Salles 292). La lecture se trouve facilitée par la répétition de symboles et de codes, qui de livre en livre, font figures d'intertextes internes comme « des noms propres qui reviennent, une géographie mythique, des situations diégétiques proches » (Salles 292). Le Clézio cherche à fidéliser ses lecteurs en leur procurant les clés qui ouvrent les portes de son univers. Le plaisir du lecteur, en ce sens, provient d'une récurrence du familier, d'une certaine sérialité, comme dans les littératures populaires.

L'idéologie humaniste et spirituelle de l'auteur n'entraîne pas nécessairement l'adhésion générale. Une majorité de lecteurs et de critiques apprécient la poésie, la sagesse et l'ouverture d'esprit de l'œuvre. Brée évoque « l'érudition [...] encyclopédique » (7) de Le Clézio et Arriens, cité par Salles, le compare à « un Homère de notre siècle qui intègre toute l'histoire de la culture dans ses écrits » (297). D'autres en revanche jugent son œuvre naïve, parlent, selon Salles (297), d'« idéologie sommaire » (Planes), de « philosophie de boy-scout » (Ricardou). Jérôme Garcin, cité également par Salles (297), écrit que pour apprécier *La quarantaine*, considérée comme l'une des œuvres majeures de Le Clézio, « il faut partager l'idéal indigéniste de l'auteur » (« Robinson, Le Clézio »). Ces réflexions démontrent une distance entre une critique ouverte aux questions d'actualité sur l'altérité, le respect de la nature, la quête d'une spiritualité et une critique traditionnelle plus cartésienne.

Certains critiques ont d'autre part reproché à Le Clézio de faire l'apologie de cultures archaïques barbares. Face aux sacrifices sanglants des Aztèques par exemple, la critique éprouve parfois un sentiment de malaise car la pré-modernité c'est aussi la violence, la précarité de la vie humaine. Tout en reconnaissant la cruauté de certaines pratiques religieuses amérindiennes (sacrifices humains, anthropophagie etc.) Le Clézio en atténue la violence. Il associe ces rituels sanguinaires, non à des penchants pervers, mais au rêve de magie des sociétés précolombiennes. L'approche des communautés primitives à travers la représentation de mythes universels, comme les mythes de création du monde, procure aux textes lecléziens toute leur originalité et leur richesse. Mircea Eliade, que nous avons associé dans le cadre de cette thèse à Le Clézio, a fait l'objet d'une critique plus partagée, du fait notamment de son adhésion au parti fasciste roumain, « La Garde de Fer ». Un tel discrédit jeté sur le critique, voire sur sa méthode, exige quelques précisions et permet en outre de montrer qu'aucun soupçon de ce type ne pèse sur l'œuvre de Le Clézio, qui ne tombe pas dans les mêmes pièges réactionnaires.

Revenons sur les concordances entre Eliade et Le Clézio qui sous-tendent une majeure partie de notre thèse. L'œuvre importante de l'historien des religions témoigne d'un intérêt focalisé sur les sociétés primitives du monde entier, accordant une large place à l'étude de leurs mythes. C'est la raison pour laquelle nous avons entrepris d'appliquer les théories d'Eliade aux récits de Le Clézio. Dans *La quinzaine Littéraire* (297), Le Clézio a par ailleurs rendu un brillant hommage à Mircea Eliade (« Mircea Eliade, l'Initiateur » 1-16). Les deux hommes partagent la même passion pour le primitivisme et les mythes sacrés qui s'y rattachent. Le romancier, qui puise généralement son inspiration dans le patrimoine culturel des civilisations archaïques, s'est aussi intéressé aux mythes du paradis perdu, de création du monde, de la terre-mère, de l'éternel retour, aux concepts de temps et d'espace primordiaux et à la question de l'altérité développés précédemment. L'œuvre d'Eliade, de même que celle de Le Clézio, vise à rendre compte de la relation de l'homme au sacré qu'on pourrait définir comme « la conscience d'un monde réel et significatif » (Eliade, *La nostalgie des origines* 7-8).

La démarche comparative d'Eliade est riche d'enseignements et manifeste une volonté d'intégration de la pensée archaïque dans notre monde contemporain afin de renouer avec l'expérience du sacré. Les références à des cultures extrêmement variées et parfois très éloignées n'ont pas pour but d'enrichir notre connaissance de l'histoire humaine mais de « faire éclater les limites provinciales de l'esprit européen et l'ouvrir à l'universel en s'instruisant auprès de cultures qui ne lui sont pas familières » (Chirpaz 1). Eliade souligne le rôle fondamental de l'étude historique et comparative des religions qui consiste en une confrontation directe avec la culture de l'autre:

> Il ne s'agit donc pas simplement d'élargir notre horizon, d'accroître quantitativement et de manière statique notre « connaissance de l'homme »: c'est la rencontre, la confrontation avec les « autres » - avec des êtres humains appartenant à divers types de sociétés archaïques et exotiques – qui est stimulante et fertile sur le plan culturel; c'est l'expérience personnelle de cette herméneutique unique qui est créatrice. (*La nostalgie des origines* 20)

Comme Le Clézio, Eliade a fait « l'expérience du divers » à travers ses voyages qui l'ont conduit de l'Europe (Roumanie, France) vers les Etats-Unis, où il a enseigné (idem pour Le Clézio), après un séjour en Inde (Calcutta) de 1928 à 1931qui a influencé sa pensée et sa personnalité. Sa thèse de doctorat portait d'ailleurs sur la philosophie du yoga (« Le yoga, immortalité et liberté »). Romancier et historien célèbre, Eliade a consacré sa vie à la philosophie, à l'histoire des religions et à l'enseignement (Bucarest, Chicago). Il parlait et écrivait couramment huit langues: roumain, français, allemand, italien, anglais, hébreu, parsi et sanskrit. Il a publié son premier roman à l'âge de quatorze ans: *Comment j'ai découvert la pierre philosophale*. Il est considéré comme l'un des plus grands historiens des religions du vingtième siècle dont l'œuvre est essentiellement orientée vers la découverte d'un nouvel humanisme. Le philosophe François Chirpaz lui a consacré un article dans lequel il loue son érudition:

> Une érudition monumentale qui embrasse les continents et les siècles: rien de ce qui relève du religieux ne semble étranger ou inconnu à Mircea Eliade dans le vaste inventaire qu'il conduit des formes de la vie religieuse, dans la diversité de ses manifestations. (« L'expérience du sacré selon Eliade »1)

Les recherches d'Eliade sur les sociétés primitives et leur dimension sacrée sont cependant de plus en plus remises en cause. Mark Sedgwick, dans *Against the Modern World* (2004), accuse Eliade, disciple de Guénon et d'Evola, de n'avoir été au fond qu'un traditionaliste: « What Guénon called *tradition*, Eliade repackaged as *archaïc religion* » (112). (Ce que Guénon a appelé « tradition », Eliade l'a recyclé sous la dénomination de « religion archaïque »). Avec *L'introduction générale à l'étude des doctrines hindoues* (1921), *Orient et Occident* (1924) et *La crise du monde moderne* (1927), René Guénon, comme beaucoup d'intellectuels de son époque, a soulevé la question du déclin de l'Occident, prônant le retour à des valeurs traditionnelles. Il faut entendre ceci dans ce discours réactionnaire: l'ésotérisme religieux y devient l'instrument d'un fascisme anti-démocratique, affirmant la pourriture des systèmes politiques occidentaux.

Le Pérennialisme ou l'Ecole Traditionaliste oppose au monde moderne une sagesse immuable d'origine divine, une forme de tradition primordiale. La critique de la pensée moderne a également constitué le cheval de bataille des partis d'extrême-droite des années 1930. Guénon et Eliade sont convaincus, d'après Sedgwick, que le modernisme et ses avatars (le matérialisme et le rationalisme) sont à l'origine de la corruption des institutions et des valeurs occidentales. Face à la dégénérescence de l'Occident, Guénon et ses disciples se tournent vers le mysticisme et la sagesse orientale. Guénon s'est d'ailleurs converti au soufisme. Sedgwick montre que le traditionalisme pur et dur des années 30 a cédé la place, dans les années 60, au postmodernisme, lequel a influencé de nombreux artistes et intellectuels comme Le Clézio. Notons que le postmodernisme lui-même ne fut pas exempt d'un soupçon de fascisme, notamment lorsqu'il fut révélé qu'un de ses penseurs et théoriciens, Paul de Man, avait dans sa jeunesse publié des articles antisémites (voir Lehman, *Sign of the Times*).

Daniel Dubuisson, dans son essai au titre évocateur (*Impostures et pseudo-science*, 2005), adopte une position encore plus critique à l'égard de la méthode et de la pensée éladiennes. Les principaux griefs adressés à Mircea Eliade concernent son approche anthropologique peu scientifique et ses nombreux emprunts à des écrits parfois d'inspiration fasciste (Guénon, Evola). Dubuisson, docteur ès Lettres et directeur de recherche au CNRS, s'est appuyé sur plusieurs enquêtes et débats pour aboutir à la conclusion de « l'imposture » d'Eliade. Celui que l'on a considéré à tort, dit-il, comme le plus grand historien des religions du XXe siècle est en fait « un faussaire amoral et opportuniste » (156). Dubuisson blâme Eliade qui « puise sans vergogne » (44) dans les œuvres notamment de Nietzsche (théorie du surhomme, elle-même proto-fasciste et concept de l'éternel retour), d'Otto (*Le sacré*, 1917), de Mannhardt et de Frazer (régénération périodique, fécondité de la nature).

Outre les « emprunts » d'Eliade et le manque de rigueur de sa méthode, Dubuisson lui reproche surtout de valoriser des concepts religieux primordiaux pour véhiculer une idéologie antimoderniste et antioccidentale. En faisant l'apologie des mythologies primitives, de l'ésotérisme et des rituels archaïques, Eliade rejoint, d'après Dubuisson, les théories conservatrices et antimodernes des partis d'extrême-droite des années 1930 en Europe, qui prônaient le retour à la terre et à des valeurs rétrogrades (Barrès, Maurras, etc.). Dubuisson indique qu'une telle mystique naturaliste fournit à Eliade et à d'autres adeptes du fascisme (Evola) « une référence précieuse où à la nostalgie pour une société agraire et traditionnelle se mêlait une virulente apologie des hiérarchies et des catégories naturelles » (117). Les idées de nature, d'élite et de retour ont, d'après Mosse (117), cité par Dubuisson, permis la rencontre « des spéculations ésotériques et des idéaux fascistes » (117).

Tout en dénonçant « l'escroquerie intellectuelle » (28) d'Eliade, Dubuisson reconnaît cependant les aspects séduisants de sa pensée:

> Il est certain, dit-il, qu'Eliade en s'intéressant à des phénomènes religieux ou symboliques, à des cultures exotiques ou populaires, à des manifestations contemporaines de la fonction mythique, aux aspects les moins rationnels de la vie mentale, en exaltant d'autre part la création intellectuelle ou artistique et en consacrant lui-même sa propre vie à l'étude et à l'écriture, offre au premier abord l'image réconfortante d'un savant peu conformiste, soucieux d'échapper à « l'extrême spécialisation des philologues » qui les transforment en « parasites » se nourrissant « des découvertes, des efforts et des risques des autres » (Fragments de journal I 401). De même, ses thèses relatives à l'universalité des images, des mythes et des comportements symboliques adressent à l'anthropologie contemporaine de passionnantes questions. (Dubuisson 30)

Sans remettre en cause la fiabilité des sources de Daniel Dubuisson et de ses pairs, nous souhaiterions nuancer certains propos, relatifs notamment à la méthode et aux apports d'Eliade aux lecteurs et à la science. L'implication de Mircea Eliade, même temporaire, dans « La Garde de Fer » est évidemment extrêmement regrettable. Nous continuons cependant à espérer que sa pensée – ou du moins les aspects que nous en retenons ici- fut détachée de toute idéologie politique et antisémite. Elle peut en tous cas servir de référence à des analyses qui prennent le contre-pied du fascisme, comme celle que nous proposons ici, et à des écrivains comme Le Clézio qui crée une œuvre profondément antifasciste. Mais ce soupçon de fascisme permet de montrer autre chose, de bien plus valorisant en ce qui concerne Le Clézio: si le recours au mythe, au spirituel, à l'ésotérisme est connoté à droite, voire lié à l'extrême-droite, c'est précisément dans la direction inverse que s'engage Le Clézio, à partir des mêmes notions. Cette inversion s'avère capitale pour comprendre l'originalité de Le Clézio – aucun péché réactionnaire, aucune nostalgie douteuse, aucun fascisme déguisé ou reconverti chez lui, mais tout au contraire une dénonciation des injustices, du racisme et de l'oppression coloniale.

Aux critiques virulentes de Daniel Dubuisson concernant les

« emprunts » d'Eliade, nous sommes, à l'instar de Le Clézio, tentés de répondre qu'il n'existe pas d'œuvre qui ne s'inspire d'une multitude de textes antérieurs. Les références aux autres penseurs sont non seulement inévitables, mais nécessaires pour l'écrivain ou l'intellectuel qui veut approfondir sa connaissance et son approche d'un sujet. On peut aussi partager les idées d'un auteur sans les admettre dans leur totalité. Autrement dit, si l'on part du principe que l'adhésion absolue à une œuvre n'est guère envisageable, serait-ce pour autant de la déformation? Le prolongement d'une pensée, d'une approche ou d'une méthode ne subit-il pas toutes sortes de transformations qui lui confèrent aussi sa diversité et sa richesse? Les influences d'Eliade nous paraissent donc évidentes et naturelles.

En ce qui concerne le manque de rigueur de la méthode éliadienne, il faut tenir compte de l'état de l'anthropologic cn 1930 jusqu'aux annécs 60. La recherche et la méthodologie n'étaient pas aussi avancées qu'aujourd'hui et les expériences sur « le terrain » n'en étaient qu'à leurs balbutiements. Aussi, nous semble-t-il injuste, après plus d'un demi-siècle de découvertes en matière d'anthropologie, de porter un jugement sévère sur la méthode peu « scientifique » d'Eliade. Par son immense érudition, Eliade a ouvert la voie de l'anthropologie moderne tout en favorisant la question de l'altérité culturelle. En revanche, certains discours politiques français, empruntant et déformant les concepts d'Eliade, véhiculent encore des stéréotypes par rapport aux anciennes colonies et aux sociétés traditionnelles. Il est intéressant d'en rendre compte ici, dans la mesure où ils attestent la perdurance tenace d'un ethnocentrisme qui continue de puiser dans les topoï coloniaux. En voici un exemple frappant: lors de sa visite à Dakar, le 26 juillet 2007, le Président de la République Française, Nicolas Sarkozy, a tenu des propos contradictoires et jugés parfois archaïques par certains journaux français et africains. Le discours du président Sarkozy, adressé à la jeunesse africaine, n'évite pas certains poncifs et pastiches. Après avoir loué l'attachement des peuples africains à des valeurs ancestrales mythiques, proches de la nature et du sacré, Nicolas Sarkozy a qualifié les mêmes traditions culturelles de « dramatiques »:

> C'est en puisant dans l'imaginaire africain que vous ont légué vos ancêtres, c'est en puisant dans les contes, dans les proverbes, dans les mythologies, dans les rites, dans ces formes qui, depuis l'aube des temps, se transmettent et s'enrichissent de génération en génération que vous trouverez l'imagination et la force de vous inventer un avenir qui vous soit propre [...]. Le drame de l'Afrique, c'est que l'homme africain n'est pas assez entré dans l'histoire. Le paysan africain, qui depuis des millénaires, vit avec les saisons, dont l'idéal de vie est d'être en harmonie avec la nature, ne connaît que l'éternel recommencement du temps rythmé par la répétition sans fin des mêmes gestes et des mêmes paroles. Dans cet imaginaire où tout recommence toujours, il n'y a de place ni pour l'aventure humaine, ni pour l'idée de progrès [...]. (« Discours du Président de la République Française »)

Le même discours se poursuit sur des notions chères à Eliade et à Le Clézio mais utilisées à des fins politiques. Voici quelques exemples d'expressions employées, dans la suite de ce discours, que nous ne pourrons entièrement présenter ici en raison de sa longueur: « l'angoisse de l'histoire », « se libérer du mythe de l'éternel retour », « la nostalgie du paradis perdu de l'enfance », « la pureté des origines », « un passé plus ou moins mythique », « des êtres fabuleux », « un éternel présent », « le temps du mystère et de l'initiation », « le temps mystique où le sacré était partout », « la Renaissance africaine » etc. Dans ce même discours, Nicolas Sarkozy a aussi recours à des concepts nietzschéens et senghoriens: « Le problème de l'Afrique n'est pas de se préparer au retour du malheur, comme si celui-ci devait indéfiniment se répéter » (voir Nietzsche), « Les civilisations sont grandes à la mesure de leur participation au grand métissage de l'esprit humain » (voir Senghor).

Comme le prouve ce discours, un concept philosophique est toujours porteur d'idéologie et risque donc de subir des déformations. On pourrait également en revenir aux *Mythologies* de Barthes: quand les mythes (au sens d'Eliade) deviennent des mythologies (au sens de Barthes), c'est-à-dire des stéréotypes réducteurs, l'idéologique l'emporte sur le sacré, et l'Occident sur les peuples qu'il a jadis colonisés… Enfin, Le Clézio est l'exemple même de l'écrivain qui a su mettre les mythologies primitives au service d'un message altermondialiste. Son écriture poétique et onirique a parfois été critiquée, mais elle a permis de dénoncer le colonialisme et d'autres formes d'injustices de manière plus efficace qu'un engagement didactique ou moralisateur.

CONCLUSION

L'œuvre de Jean-Marie Gustave Le Clézio se distingue par sa diversité et sa richesse stylistique, thématique et culturelle. Par ses emprunts à des civilisations variées, elle s'inscrit dans une dimension universelle et touche un large public. Le Clézio apparaît comme l'un des écrivains les plus inspirés de son temps: ses romans, ses récits et ses essais oscillent entre vision réaliste et imaginaire, discours politique et prophétique. Son goût pour les voyages et les cultures archaïques, amérindiennes et africaines en particulier, procure à ses écrits une grande part de son originalité: ceux-ci sont un mélange d'anthropologie, d'histoire, de philosophie, de littérature et de poésie.

Son œuvre, qui reflète les principales influences esthétiques et les grands courants de pensée européens du XXe siècle, se tourne, à partir des années 1980, vers le mysticisme des mythes primordiaux. A cet égard, elle consacre plusieurs volets aux mythologies et légendes précolombiennes, africaines et orientales. Les romans et récits de Le Clézio constituent un vaste réservoir mythique: de la Grèce antique à l'Amazonie, en passant par le Mexique, le Maroc, le Nigéria, l'Inde et l'île de Pentecôte. Hantés par la nostalgie des origines et le désir d'harmonie avec la nature, les textes lecléziens dressent aussi un réquisitoire contre le monde moderne. Les récits de la seconde période (années 1980) valorisent surtout les mythes primitifs, notamment les mythes de création du monde. Le voyage sur les îles volcaniques de l'océan Indien (Rodrigues, Plate) ressemble à une plongée dans le temps primordial et permet à l'auteur de se situer dans une histoire familiale. *Le chercheur d'or*, *Voyage à Rodrigues* et *La quarantaine* forment un ensemble thématique articulé autour du retour vers une terre-mère. Ces textes mauriciens se présentent comme des récits autobiographiques où s'entremêlent mythes collectifs et chroniques individuelles. Ils relatent, à travers la fiction, les aventures des aïeux de Le Clézio: Alexis, le chercheur d'or, et Léon, prisonnier de l'île de la Quarantaine. Sur ces îles arides et balayées par les vents, les protagonistes et le narrateur découvrent les secrets de la nature et l'Age d'Or.

La présence importante des mythes dans les livres de Le Clézio nous a amenés à nous interroger sur les aspects et le rôle de ces récits intemporels appartenant au patrimoine des civilisations. Nous nous sommes efforcés, avec l'aide de la mythocritique et de la mythanalyse (Durand, Frye), de faire une lecture plus perspicace des textes lecléziens en dégageant ce que la création individuelle doit à ces récits imaginaires et symboliques se rapportant le plus souvent aux origines du monde. La pérennité d'un mode de pensée mythique chez Le Clézio et d'autres auteurs contemporains (Tournier, etc.) souligne la prodigieuse richesse du mythe et le prolongement d'un mode d'être archaïque dans les sociétés modernes.

De nombreux critiques (Caillois, Barthes), psychanalystes (Jung) et anthropologues (Lévi-Strauss) se sont exprimés sur l'influence des mythes dans les différentes cultures et œuvres littéraires. Nous avons surtout retenu les théories de Mircea Eliade se référant à l'aspect sacré du mythe, dans la mesure où elles coïncident avec les aspirations des personnages lecléziens. L'historien des religions s'est en effet appliqué à montrer la corrélation entre mythes d'origines et « hiérophanies » (manifestations du sacré). Comme Eliade, Le Clézio s'intéresse à l'expérience chamanique (extases et visions). Les mythes de création du monde, liés chez Le Clézio, à la critique de la modernité industrielle, à la nostalgie du paradis, à la quête du temps et des espaces primordiaux, aux mythes de la terre-mère et de l'éternel recommencement présentent des similitudes étroites avec l'approche d'Eliade.

Les mythes primitifs et cosmogoniques, dans les récits mauriciens de Le Clézio, s'articulent non seulement autour de la notion de sacré, mais aussi autour des concepts d'utopie et d'idéologie. Nous avons ainsi démontré que le rêve des origines et le désir de régression des protagonistes lecléziens appartiennent à la pensée utopique. Le rêve des origines et le désir de régression ou d'involution ne peuvent se réaliser que d'une manière symbolique, par l'intermédiaire de rites initiatiques. Les héros cherchent à retrouver l'Eden à travers les symboles de la demeure familiale de Maurice, de l'île et de son lagon merveilleux et de l'or. Le voyage à rebours de Léon (*La quarantaine*) et du grand-père chercheur d'or (*Voyage à Rodrigues*) s'accomplit dans des antres (ravin, caverne), symboliques du retour à la terre-mère.

L'aspiration au chaos puis à une recréation du cosmos s'accompagne d'épreuves initiatiques dont Eliade rapporte les nombreux exemples à travers diverses sociétés traditionnelles. Grâce à l'influence de jeunes métisses, dotées de pouvoirs magiques, Alexis (*Le chercheur d'or*) et Léon font l'expérience de la mort initiatique et de la renaissance. Par la fusion des corps et des esprits avec des femmes qui jouent le rôle d'initiatrices (Ouma et Suryavati), les héros se fondent dans la matière cosmique et rencontrent l'anima (Jung) au sein d'espaces sacrés.

L'île - et le désert, auquel nous avons fait référence dans notre thèse, constituent des lieux d'ascèse primordiaux et mystiques. Ils sont propices aux épreuves, à la méditation et aux transformations psychiques. Leur géologie minérale et immuable évoque les premiers âges de l'univers. L'île en particulier, avec ses différentes strates et couleurs, renvoie à l'image du mandala, symbolique du centre sacré dans les traditions bouddhistes et hindouistes. Ces espaces, où règnent à la fois « le vide » et « le plein », se situent hors du temps et hors du monde. Ils sont habités par des forces telluriques qui rappellent les divinités matricielles. Les grottes abritent les mystères de la naissance et les eaux purifiées du lagon enfantent des êtres nouveaux, lavés de leur passé, tandis que le désert semble engendrer les nomades qui naissent de la fusion sublime des éléments. Les îles volcaniques des Mascareignes et le désert du Sahara font figures de temples de la mémoire originelle.

L'originalité de Le Clézio réside surtout dans sa vision cyclique et périodique de la Création. Le temps n'est pas linéaire, comme dans la conception occidentale, mais il se présente comme un éternel recommencement des événements liés à la genèse du monde. La rénovation du temps entraîne une rupture avec la fatalité de la durée historique. Le mythe de l'éternel retour est omniprésent dans la plupart des cultures archaïques et dans les traditions orientales, bouddhistes et hindouistes notamment, où il est rattaché aux cycles des réincarnations.

Dans l'œuvre de Le Clézio, le principe de l'éternel recommencement s'énonce à travers des formules temporelles répétitives (« comme pour la première fois », « depuis toujours » etc.), et se manifeste à travers une structure romanesque circulaire qui s'achève sur une boucle ouverte. *Le chercheur d'or* s'ouvre et se termine ainsi sur le bruit de la mer dans la mémoire d'Alexis, qui rêve de tout recommencer. La présence de symboles significatifs, tels le serpent qui se mord la queue ou la mer avec ses marées, son flux et son reflux, illustre encore ce concept. La manifestation cyclique du temps est parfois aussi coordonnée à la trace et à son effacement perpétuel, comme dans *Désert*, où le vent fait disparaître l'empreinte des nomades.

La perception sensorielle et poétique du monde, chez Le Clézio, ne le classe pas pour autant dans la littérature bucolique classique. Au contraire, son œuvre éclectique, qui échappe à tout critère de catégorisation, apparaît dans toute sa modernité. Le récit des guerres et des grands événements politiques, socioculturels du vingtième siècle place l'écrivain parmi les témoins privilégiés de son temps. Les préoccupations existentielles et spirituelles de nos contemporains trouvent d'autre part un large écho dans l'écriture mythique de Le Clézio.

La quête identitaire, toujours reliée au désir d'altérité, est au cœur de tous ses livres. A travers le mythe, le romancier a su valoriser les cultures archaïques et rendre compte des insuffisances des civilisations occidentales. Plutôt que de se livrer à un procès radical des sociétés européennes modernes, Le Clézio préfère proposer une vision enrichie, par ce que Senghor avait coutume de nommer, « le métissage culturel ». A cet égard, son œuvre s'inscrit indéniablement dans une contre-écriture de la colonisation. Les livres de Le Clézio ont, à ce titre, bénéficié d'une critique positive et enthousiaste malgré quelques réticences liées notamment à son goût pour « l'indigénisme ».

Mircea Eliade, auquel Le Clézio a été associé, dans le cadre de cette thèse, a en revanche connu un accueil plus mitigé, surtout depuis une vingtaine d'années, en raison de certaines révélations sur son passé douteux dans le parti d'extrême-droite roumain (« La garde de Fer »). Des critiques (Sedgwick, Dubuisson) ont établi un parallèle entre l'idéologie fasciste d'Eliade (bien que temporaire) et son œuvre privilégiant une pensée ésotérique, mythique et antimoderne. Et si, comme Le Clézio, l'on recherchait un équilibre entre les forces de la nature et le progrès humain?

BIBLIOGRAPHIE

Assouline, Pierre. « Entretien avec J. M. G. Le Clézio. » *Lire* (1991): 46-51.
Bachelard, Gaston. *La poétique de l'espace*. Paris: PUF, 1957.
Barthes, Roland. *Mythologies*. Paris: Seuil, 1957.
Brée, Germaine. *Le monde fabuleux de Le Clézio*. Amsterdam: Rodopi, 1990.
Caillois, Roger. *Le mythe et l'homme*. Paris: Gallimard, 1938.
Cavallero, Claude. « J. M. G. Le Clézio ou l'Ecriture transitive. » *Nouvelles Etudes Francophones* 20.2 (2005): 17-29.
Chauvin, Daniel, Siganos, André, et Walter, Philippe. *Questions de mythocritique*. Paris: Imago, 2005.
Chevalier, Jean, Gheerbrant, Alain. *Dictionnaire des symboles*. Paris: Robert Laffont/Juppiter, 1982.
Chirpaz, François. « L'expérience du sacré selon Mircea Eliade. » 31 août 2006. < www.contrepointphilosophique.ch>.
Cortanze de, Gérard. *J. M. G. Le Clézio: Le nomade immobile. Vérité et Légendes*. Paris: Folio, 1999.
Di Scanno, Teresa. *La vision du monde de Le Clézio: Cinq Etudes sur l'œuvre*. Paris: Nizet, 1983.
Domange, Simone. *Le Clézio ou la quête du désert*. Paris: Imago, 1993.
Dubuisson, Daniel. *Impostures et pseudoscience: L'œuvre d'Eliade*. Villeneuve d'Ascq: PU du Septentrion, 2005.
Durand, Gilbert. *Les structures anthropologiques de l'imaginaire*. Paris: Dunod, 1992.
Dutton, Jacqueline. « Du paradis à l'utopie ou le rêve atavique de Le Clézio. » *L'Océan Indien dans les Littératures Francophones* 35/36 (1998-99): 475-484.
Eliade, Mircea. *Aspects du mythe*. Paris: Gallimard, 1963.
--- . *Fragments d'un Journal I, 1945-1969*. Paris: Gallimard, 1973.
--- . *Fragments d'un Journal II, 1970-1978*. Paris: Gallimard, 1981.
--- . *Méphistophélès et l'androgyne*. Paris: Gallimard, 1962.
--- . *Le mythe de l'éternel retour*. Paris: Gallimard, 1949.
--- . *Mythes, rêves et mystères*. Paris: Gallimard, 1957.
--- . *La nostalgie des origines*. Paris: Gallimard, 1971.
--- . *Le sacré et le profane*. Paris: Gallimard, 1965.
Ezine, Jean-Louis. *Ailleurs: Entretiens avec Le Clézio*. Paris: Arléa, 1995.
Fanon, Franz. *Les Damnés de la terre*. Paris: La Découverte et Syms, 2002.
Ferraro, Alessandra. « Espaces réels, espaces rêvés dans *Le chercheur d'or* et *Voyage à Rodrigues* de J. M. G. Le Clézio. » *L'Océan Indien dans les Littératures Francophones* 35/36 (1998-99): 485-493.

Frye, Northrope. *Anatomy of Criticism, Four Essays*. Princeton: Princeton University Press, 1957.

Jung, Carl. *Métamorphoses de l'âme et ses symboles*. Paris: Poche, 1996.

Kérémyi, Charles, et Jung, Carl. *Introduction à l'essence de la mythologie*. Paris: Payot, 1968.

Labbé-Evanno, Michèle. *L'écart romanesque*. Paris: L'Harmattan, 1999.

La Mothe, Jacques. « L'autre extrémité du temps: Une relecture de *La quarantaine*. » *L'Océan Indien dans les Littératures Francophones* 35/36 (1998-99): 495-511.

Le Clézio, Jean-Marie Gustave. *L'Africain*. Paris: Gallimard, 2005.

---. *Le chercheur d'or*. Paris: Gallimard, 1985.

---. *Désert*. Paris: Gallimard: 1980.

---. « Eloge de la langue française. » *L'Express* (14 oct.1993): 57-58.

---. *L'Extase matérielle*. Paris: Gallimard, 1967.

---. *La fête chantée*. Paris: Gallimard, 1997.

---. *Les géants*. Paris: Gallimard, 1973.

---. *La guerre*. Paris: Gallimard, 1970.

---. *Haï*. Paris: Flammarion, 1987.

---. « Un homme exemplaire. » *L'Arc* 30 (1960): 5-9.

---. *L'inconnu sur la terre*. Paris: Gallimard, 1978.

---. « La langue française est peut-être mon seul véritable pays. » *Label France* (déc. 2001): 45.

---. « Le Clézio par lui-même. » *Magazine Littéraire* 362 (fév. 1998): 21-35.

---. *Le livre des fuites*. Paris: Gallimard, 1969.

---. « Mircea Eliade: l'Initiateur. » *La Quinzaine Littéraire* 297 (1-15 mars 1979): 1-16.

---. *Onitsha*. Paris: Gallimard, 1991.

---. *Ourania*. Paris: Gallimard, 2006.

---. *Pawana*. Paris: Gallimard, 1992.

---. *Le procès-verbal*. Paris: Gallimard, 1963.

---. *La quarantaine*. Paris: Gallimard, 1995.

---. *Le rêve mexicain*. Paris: Gallimard, 1988.

---. *Voyage à Rodrigues*. Paris: Gallimard, 1986.

---. *Voyages de l'autre côté*. Paris: Gallimard, 1975.

Le Clézio, Jean-Marie Gustave et Jémia. *Gens des nuages*. Paris: Gallimard, 1997.

Leroy, Fabrice. « L'étendue et la filiation dans *Le chercheur d'or* et *La quarantaine* de J. M. G. Le Clézio. » *Dalhousie French Studies* 69 (2004): 91-100.

Lhoste, Pierre. *Conversations avec J. M. G. Le Clézio*. Paris: Mercure de France, 1971.

Lyotard, Jean-François. *La condition postmoderne*. Paris: Ed. de Minuit, 1979.

Mauguière, Bénédicte. « La philosophie orientale du cycle de vie et de mort dans *La quarantaine*. » *Lecture d'une œuvre: Le Clézio*. Ed. U de Versailles. Paris: Ed. du Temps, 2004. 105-18.

--- . « Le mythe de Robinson revisité par Tournier et Le Clézio. » *L'Océan Indien dans les Littératures Francophones* 35/36 (1998-99): 463-74.

Mengara, Daniel. *La représentation des groupes sociaux chez les romanciers noirs sud- africains: réalisme, falsification ou idéalisation*? Paris: L'Harmattan, 1996.

Montaigne de, Michel. *Les Essais*. Paris: Gallimard, 1985.

Nadeau, Maurice. *Le roman français au XXe siècle*. Paris: Gallimard, 1970.

Onimus, Jean. *Pour lire Le Clézio*. Paris: PUF, 1994.

Roussel-Gillet, Isabelle. *Etude sur Le chercheur d'or de J. M. G. Le Clézio*. Paris: Ellipses, 2005.

Saïd, Edward. *Orientalism*. New York: Pantheon Books, 1978.

Salgas, Jean-Pierre. « Lire c'est s'aventurer dans l'autre: Entretien avec Le Clézio. » *La Quinzaine Littéraire* 435 (1er mars 1985): 6-8.

Salles, Marina. *Le Clézio notre contemporain*. Rennes: P.U.Rennes, 2006.

Sarkozy, Nicolas. « Discours du Président de la République Française. » Dakar: Université de Dakar, 26 juillet 2007.

Sedgwick, Mark. *Against the Modern World*. New York: Oxford UP, 2004.

Thibault, Bruno. "Awaité Pawana: J. M. G. Le Clézio's Vision of the Sacred." *World Literature Today* 71.4 (1997): 723-29.

--- . « Immigration et individualisation. L'archétype de l'anima dans *Désert* de Le Clézio. » *Romance Notes* 40 (1999-2000): 361-71.

---. « La métaphore exotique: L'Ecriture du processus d'individuation dans *Le chercheur d'or* et *La quarantaine* de Le Clézio. » *The French Review* 73.5 (2000): 845-61.

--- . « La revendication de la marginalité et la représentation de l'immigration clandestine dans l'œuvre récente de Le Clézio. » *Nouvelles Etudes Francophones* 20.2 (2005): 43-56.

--- . « *Le Livre des fuites* de Le Clézio. Le problème du roman exotique moderne. » *The French Review* 65.3 (1992): 425-34.

Tritsmans, Bruno. *Livres de pierre: Segalen, Caillois, Le Clézio, Gracq*. Tübingen: Gunter Narr Verlag, 1992.

Van Acker, Isa. « Errance et marginalité chez Le Clézio: *Le procès-verbal* et *La quarantaine*. » *Nouvelles Etudes Francophones* 20.2 (2005): 69-78.

Vierne, Simone. *Rite, roman, initiation*. Grenoble: P. U. Grenoble, 1973.

Westerhoff, Dominique. « L'autobiographie mythique. » 2005. < http://www.unige.ch/lettres/framo/enseignementsmethodes>.

Westerlund, Fredrik. « J. M. G. Le Clézio. » 12 avril 2006. <http://www.multi.fi-fredw/index.html >.

TABLE DES MATIÈRES

INDEX DES OEUVRES

Zeitfracht Medien GmbH
Ferdinand-Jühlke-Straße 7
99095 Erfurt, Deutschland
produktsicherheit@kolibri360.de